Comprender el estrés

Comprender el estrés

Xavier Torres
Eva Baillès

Amat
editorial

Autores: Xavier Torres y Eva Baillès
Director de la colección: Emili Atmetlla

© Editorial Amat, 2014 (www.amateditorial.com)
    Profit Editorial I., S.L., Barcelona, 2015

ISBN: 978-84-9735-776-0
Depósito legal: B-545-2015

Diseño cubierta: XicArt
Maquetación: www.eximpre.com
Impreso por: Liberdúplex

Impreso en España - *Printed in Spain*

Índice

Prólogo 9

1. ¿Qué es el estrés?. 13

Concepto de estrés 15

El papel de los pensamientos en el estrés. . 21

¿Cuándo es perjudicial el estrés? 24

¿Estoy estresado? 28

Ideas erróneas sobre el estrés 32

2. Estrés y salud 39

¿Cómo afecta el estrés a la salud
cardiovascular? 42

Estrés y depresión 56

¿Qué relación tienen el estrés y el cáncer?. 66

El estrés y las enfermedades autoinmunes . 75

El estrés durante la gestación. 84

3. Resiliencia: el desarrollo de la entereza frente a la adversidad **99**

¿Qué es la resiliencia? 99

¿Cómo son las personas que tienen mayor resiliencia? 101

Cómo mejorar la resiliencia 102

Ayuda profesional para mejorar la resiliencia 105

4. El control del estrés **109**

El secreto de la eterna juventud 111

¿Cómo controlamos nuestras emociones? . . 112

¿Qué estrategias de control de las emociones funcionan mejor? 118

¿Cómo funcionan las estrategias para el control del estrés? 120

Los programas de entrenamiento en el control del estrés 122

Las técnicas de reestructuración cognitiva: convertir una amenaza en un estimulante desafío personal 126

Algunas consideraciones sobre el aumento de la previsibilidad y la sensación de control 130

Estrategias de afrontamiento. Elegir bien la artillería para cada batalla . . . 134

La psicoeducación 136

Ejercicio físico 137

ÍNDICE

Las técnicas de autocontrol emocional   140

Librarse de las preocupaciones: el control
del pensamiento reiterativo.   143

Aumentar el apoyo social   153

5. **El futuro del estrés** **159**

Nueva visión del estrés   159

Creer que el estrés es perjudicial no es
bueno para la salud   165

Modificar las creencias sobre el estrés
es beneficioso   165

Prólogo

Desde sus primeras definiciones en los años cincuenta, el término estrés se ha convertido en parte habitual de nuestro vocabulario. La buena noticia es que esta popularización ha conllevado una mayor conciencia de su importancia para nuestra salud mental y física, y ha promovido innumerables estudios para mitigar su efecto. La mala noticia es que la definición del estrés se ha ampliado hasta incluir situaciones cotidianas e inofensivas y respuestas fisiológicas y conductuales normales.

Asimismo, el efecto perjudicial del estrés se ha exagerado hasta incluir opiniones no argumentadas e injustificadas sobre el efecto negativo que el estrés puede ejercer sobre enfermedades tan graves como el cáncer. Esta excesiva amplificación del efecto perjudicial del estrés es especialmente dramática cuando se le atribuye una mayor preponderancia que otros factores de riesgo, lo que en ocasiones ha provocado que la persona enferma suprima tratamientos médicos que necesita para sustituirlos por estrategias de manejo del estrés.

En la misma línea se encuentra la promoción de creencias que culpabilizan a la persona de estar enferma por haberse dejado sucumbir al estrés o por no saber manejarlo, o que si se esfuerza es capaz de curar por sí misma algunas enfermedades médicas. Huelga decir que cuando el estrés puede afectar a un tercero (por ejemplo, al hijo que se está gestando), estas ideas pueden comportar innecesariamente un estado sostenido de miedo a perjudicar al otro por no ser capaz de manejar el estrés o ideas de culpa por atribuir erróneamente algunas enfermedades del recién nacido al estrés sufrido durante la gestación.

Finalmente, la popularización del concepto de estrés se ha acompañado de la invención de innumerables estrategias «terapéuticas» más o menos creativas que no se han tomado la molestia de demostrar su eficacia o que se siguen manteniendo a pesar de haber mostrado su ineficacia, así como de la recuperación de estrategias «terapéuticas» de culturas milenarias que no sólo no han demostrado ser útiles, sino que se basan en procedimientos adoptados por civilizaciones cuya esperanza de vida no iba más allá de los cuarenta años de edad. Como se verá a lo largo de este libro, lo mismo se aplica a las recomendaciones generales que no tienen en cuenta la relación individual, y a menudo intransferible, que cada uno de nosotros mantiene con su entorno o los consejos como «tomárselo con filosofía», «cambiar el chip» o «echárselo a la espalda» que, aunque bienintencionados, no van más allá de recomendar, sin explicar cómo se realizan semejantes hazañas.

Con todo, el estrés sigue siendo un sólido determinante de nuestra enfermedad física y mental aunque, como verá, con numerosas puntualizaciones. La más destacable de ellas es que las últimas investigaciones sugieren que el estrés no es necesariamente el malo de la película sino que su principal efecto nocivo se deriva más de la interpretación que hacemos de los síntomas que provoca que del estrés como ente perjudicial en sí mismo. Esta nueva visión del manejo del estrés ha empezado a permitir el diseño de tratamientos más eficaces y, afortunadamente, menos penosos.

Por estos motivos, esperamos que este libro le ayude a tener una idea más precisa de qué es y qué no es el estrés y, sobre todo, que le permita conocer aquellos tratamientos clásicos y nuevos que hasta la fecha han demostrado su eficacia más allá de la duda razonable que acompaña por definición a todo conocimiento científico.[1]

Uno de los grandes retos de los que habitualmente nos dedicamos a escribir exclusivamente literatura científica es salirnos de nuestra realidad y utilizar un lenguaje exento de tecnicismos y razonablemente ameno. Por ese

1. Un libro de estas características no puede ser tan exhaustivo como un manual científico. Por ejemplo, la selección de técnicas de manejo del estrés se ha guiado por la solidez de las investigaciones que las avalan. En otros casos, se han incluido otras técnicas porque nos ha parecido útil para el lector cotejar su popularidad con los datos de eficacia que disponemos hasta la fecha. Por consiguiente, la no aparición de alguna técnica en el capítulo dedicado al control del estrés no significa necesariamente que no haya demostrado su eficacia en algún estudio científico.

motivo, queremos agradecer las sugerencias de las personas que han tenido la amabilidad y la paciencia de leer las versiones preliminares de este libro y que nos han ayudado a corregirlas. Queremos reconocer en especial las recomendaciones de Joan Baillès, Toni Corral y Ricard Torres. No dudéis que las hemos seguido casi todas.

1. ¿Qué es el estrés?

Si usted ha comprado este libro, es razonable suponer que está interesado en saber qué es el estrés y puede que incluso esté un tanto preocupado por sus posibles efectos perjudiciales en su salud, en la calidad de su envejecimiento o en el bienestar de su futura descendencia.

Lo primero que debe saber es que casi cien años después de los primeros estudios sobre el estrés, los científicos siguen sin ponerse de acuerdo sobre cuál es la mejor manera de definirlo de manera inequívoca.

Esto ha provocado que el estrés haya sido considerado a la vez como bueno y malo, facilitador y obstaculizador, o inofensivo y peligroso.

Lo segundo que debe tener en cuenta es que, en términos generales, el estrés es una respuesta fisiológica normal del organismo para hacer frente a una demanda del entorno. Esta respuesta es imprescindible para la vida[2] y extremadamente eficaz para la supervivencia y la reproducción. De hecho, la respuesta de estrés será la misma tanto si está usted a punto de ser atacado por un oso enfurecido como si acaba de conocer al amor de su vida.

Sin embargo, en determinadas condiciones y para determinadas personas (de hecho, la mayoría de nosotros manejamos el estrés con razonable eficacia), la incapacidad para manejar las demandas del entorno puede ejercer el sorprendente efecto de convertir esta respuesta de estrés en nociva y de modificar nuestro organismo poniendo en peligro nuestra salud, haciéndonos más vulnerables a algunas enfermedades o empeorando el curso de las que padecemos.

A grandes rasgos éste es el hilo que va a seguir este libro:

1. Intentaremos, en primer lugar, concretar cuáles son las características que, a nuestro modo de ver, definen un verdadero estado de estrés, aquél que puede resultar perjudicial y que probablemente sea el que le hace pensar que quizás haya hecho bien al comprar este libro.

---

2. Las personas que no pueden activar la respuesta de estrés porque sus glándulas suprarrenales no son capaces de producir un nivel suficiente de determinadas hormonas (como en la enfermedad de Addison) pueden entrar en estado de coma cuando se enfrentan a un estresor grave.

2. A continuación revisaremos los efectos del estrés en la salud física y mental. En este apartado pondremos especial énfasis en las conclusiones de los estudios científicos a fin de ahorrarle angustias innecesarias aunque sea a costa de perder sensacionalismo.

3. Seguiremos con la descripción de los afortunados que parecen ser especialmente resistentes al estrés, aquellas personas que parecen ser capaces de mantener, sin apenas esfuerzo, una envidiable entereza frente a la adversidad.

4. Para acabar, le explicaremos qué medidas puede tomar para parecerse lo máximo posible a estos afortunados y las últimas noticias sobre el estrés.

Antes de seguir adelante, debe tener en cuenta que intentaremos ceñirnos lo más posible a los datos científicos. Es decir, puede que conozca a un amigo de un familiar de segundo grado que cambió mágicamente (a mejor) después de comprarse una pulsera magnética, pero si ese tipo de artilugio no ha demostrado eficacia en un estudio científico razonablemente solvente no lo encontrará usted en este libro.

Concepto de estrés

El concepto de estrés fue utilizado por primera vez por el fisiólogo y médico Hans Selye a raíz de una serie de experimentos en los que inyectaba extractos de hormonas a ratones de laboratorio. Selye observó que al cabo de un tiempo los animales desarrollaban problemas físicos, como úlceras pépticas. Sorprendentemente, y muy a su pesar, también descubrió que otros ratones a los que había inyectado una sustancia inocua desarrollaban las mismas alteraciones físicas.

Lo único que tenían en común los dos grupos de ratones era que habían sido manipulados y molestados a diario durante semanas. Selye repitió los experimentos con diferentes tipos de circunstancias amenazadoras para los ratones (como hacerlos dormir al raso) y observó los mismos resultados.

Por consiguiente, descubrió que estos problemas físicos eran causados por una respuesta fisiológica sostenida frente a una amenaza continuada. A esta respuesta, cuyo objetivo es contrarrestar la amenaza y recuperar el equilibrio fisiológico lo antes posible, la denominó estrés.

> En sentido amplio, el estrés no es una enfermedad sino una respuesta fisiológica útil y eficiente que únicamente puede resultar nociva en determinadas circunstancias.

Para poder comprender cuándo es perjudicial el estrés, es necesario que conozca un poco más a fondo algunos de sus aspectos fisiológicos más básicos.

El cerebro controla la respuesta de estrés mediante dos mecanismos:

a) **La activación del sistema nervioso autónomo.**
b) **La secreción de hormonas.**

a) **El sistema nervioso autónomo** es el que dirige de manera prácticamente involuntaria la actividad del resto de los órganos del cuerpo. La parte del sistema nervioso autónomo que se activa con la respuesta de estrés se denomina *sistema nervioso simpático*. El sistema nervioso simpático controla la secreción de las hormonas adrenalina y noradrenalina, que son las responsables de incrementar rápidamente el funcionamiento de varios órganos corporales como el corazón. Como habrá imaginado, la aceleración del corazón permite, por ejemplo, bombear más sangre a los tejidos que deberán emplearse a fondo para manejar la amenaza.

La otra parte del sistema nervioso autónomo que participa en el estrés es el *sistema nervioso parasimpático* que se encarga de reducir la actividad de varios sistemas corporales.

Por tanto, el sistema nervioso autónomo pone en marcha el simpático o el parasimpático para acelerar o frenar al resto de los órganos dependiendo de las circunstancias. Si usted tiene que correr para defender con uñas y dientes la única chaqueta de su talla que queda en las rebajas se pondrá en marcha el sistema nervioso simpático (se acelerará el corazón, se tensarán los músculos, fruncirá el ceño para parecer más fiero y se le erizarán los pelos para hacerle parecer más grande). Cuando se pruebe la chaqueta, satisfecho de haber llegado antes que el resto de sus competidores, se activará el parasimpático y se relajarán todas las reacciones que activó el simpático.

b) Otro mecanismo que utiliza el cerebro para emitir una respuesta de estrés es la **secreción de hormonas**[3], especialmente a través del eje hipotálamo-hipofisario-adrenal.[4] La principal hormona del estrés es el cortisol. Sus funciones incluyen la regulación del nivel sanguíneo de glucosa (que es uno de los combustibles más rápidos que utiliza nuestro organismo). También participa en la obtención de energía mediante el metabolismo de los carbohidratos, las proteínas y las grasas, regula el sistema inmunológico y la tensión arterial, y tiene un efecto antiinflamatorio.

Por supuesto, el objetivo para el que fue diseñado el incremento de cortisol hace ya varios miles de años es facilitar la supervivencia. Es decir, la secreción puntual de cortisol ayuda a que el organismo disponga de un aporte extra de energía (para poder correr o luchar mejor

---

3. Una hormona no es más que una sustancia segregada por una célula (a menudo una neurona) que se filtra en el torrente sanguíneo para influir a distancia en el funcionamiento de otra célula (por supuesto, el objetivo es alterar el funcionamiento de millones de células idénticas para cambiar el comportamiento de una glándula o de un órgano).

4. El eje hipotálamo-hipofisario-adrenal se denomina así porque describe la relación entre el hipotálamo, que segrega hormonas que activan o inhiben la actividad de la hipófisis que, a su vez, regula la secreción de las glándulas adrenales (o suprarrenales), que segregan los glucocorticoides, que son las principales hormonas del estrés.

y durante más tiempo), incrementa la actividad del sistema inmunitario (para contrarrestar las consecuencias de las posibles heridas recibidas), reduce la sensibilidad al dolor (es más fácil huir o luchar si uno no tiene que estar atento a cuánto le duelen las piernas o a las lesiones recibidas durante la pelea) y mejora la atención y la memoria, es decir, facilita estar pendiente de la amenaza y recordar cómo se manejó uno para contrarrestarla.

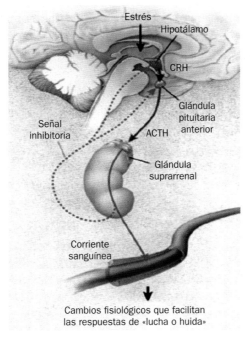

Figura 1.1. *En respuesta a un estresor, el hipótalamo segrega la hormona CRH 2.- El CRH activa la hipófisis para que segregue la hormona ACTM. 3.- El ACTM activa las glándulas suprarrenales para que segreguen las principales hormonas del estrés como el cortisol.*

En resumen, la secreción hormonal y el sistema nervioso simpático preparan el organismo para que podamos realizar cualquier tipo de comportamiento. En el caso especial de la respuesta de estrés, esos comportamientos incluyen las respuestas conductuales y fisiológicas necesarias para manejar las amenazas.

Estos sistemas interactúan constantemente con el entorno de tal manera que se activan más cuando la actividad que debemos realizar es más exigente. Por ejemplo, en las ratas de laboratorio (y no hay motivo para pensar que en los humanos las cosas deban ser distintas), la activación de estos sistemas es prácticamente idéntica tanto si lo que le sucede a la rata es agradable (por ejemplo, tener una relación sexual) como si es desagradable (por ejemplo, huir del macho que defiende a la hembra con la que se pretendía tener relaciones sexuales).

Sin embargo, lo que caracteriza a una verdadera respuesta de estrés no es tanto la cantidad de activación del eje hipotálamo-hipofisario-adrenal (secreción hormonal) y del sistema nervioso simpático como el tiempo que tardan estos sistemas en volver a su estado de equilibrio. Por ejemplo, si dos individuos se disputan un territorio (o un aparcamiento), el grado de elevación de la frecuencia cardíaca y de la tensión arterial serán los mismos para el vencedor que para el vencido. Sin embargo, el perdedor tardará más tiempo en recuperar su estado normal.

El papel de los pensamientos en el estrés

La simple puesta en marcha de la secreción hormonal y del sistema nervioso simpático no es suficiente para explicar el estrés. La respuesta de estrés también depende de la manera de evaluar el estímulo estresor. A principios de los años setenta, Jay M. Weiss descubrió que las lesiones de la pared gástrica debidas al estrés no dependían del tipo de estresor al que era sometido el individuo sino de que creyera que no podría controlarlo. Por consiguiente, y como se puede ver en la figura 1.2, únicamente las amenazas incontrolables e impredecibles producen un verdadero estrés.

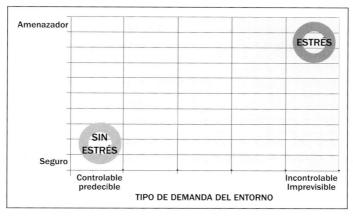

Figura 1.2. *El estrés se refiere únicamente a las demandas amenazadoras e incontrolables (ángulo superior derecho). El ángulo inferior izquierdo representa las condiciones fisiológicas necesarias para emitir cualquier comportamiento (Adaptado de J. M. Koolhaas et al. Stress revisited: A critical evaluation of the stress concept. Neuroscience and Biobehavioral Reviews 2011; 35:1291-1301).*

Como muestra la figura 1.3, el proceso que culmina en un estado de estrés se inicia cuando el individuo detecta una circunstancia adversa. En ese momento realiza una *primera evaluación* del grado de amenaza que representa para su integridad física o para su bienestar. Si la conclusión es que esa circunstancia es amenazadora, la persona inicia una *segunda evaluación* que consiste en valorar si dispone de recursos para hacer frente a esa amenaza y si van a ser efectivos. Únicamente en el caso de que la conclusión final sea que existe una amenaza que no va a poder superarse produce una respuesta de estrés sostenido.

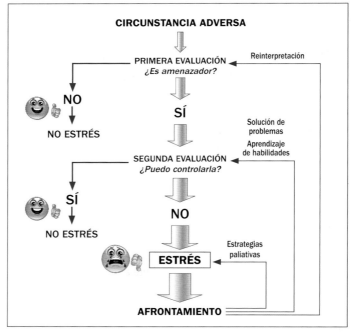

Figura 1.3. *El estrés depende de la percepción de amenazas y de la sensación de incapacidad para manejarla.*

Sin duda habrá adivinado que el estrés sostenido es más típico de los humanos (que se preocupan de cosas que no han sucedido, anticipan desgracias e intentan controlar cosas que no dependen de ellos). El resto de los animales, con excepción de algunos primates, se activan breve y eficazmente ante emergencias fugaces de las que, si sobreviven, se recuperan rápidamente.[5]

Imagine que una persona tiene que enfrentarse a una circunstancia adversa y potencialmente amenazadora para su bienestar como tener problemas continuos con su pareja. Durante el proceso de instauración del estrés, el individuo puede revertirlo de varias maneras:

- Paliando directamente sus efectos (por ejemplo, relajándose o haciendo ejercicio físico).

- Reinterpretando el grado de amenaza hasta concluir que ya no hay peligro (por ejemplo, valorando que a lo mejor le sale más a cuenta divorciarse que seguir casado).

- Solucionando de manera efectiva la circunstancia adversa (por ejemplo, acudiendo a una terapia de pareja).

---

5. Es interesante, por ejemplo, que en vez de estar constantemente preocupados por la inevitabilidad de ser devorados o revisando qué tal funcionó su última estrategia de escape, los herbívoros únicamente se ponen en estado de alerta cuando el depredador se acerca a una distancia muy concreta: aquella que es verdaderamente peligrosa.

¿Cuándo es perjudicial el estrés?

Como acabamos de ver, la respuesta de estrés es ideal para emergencias puntuales por intensas que sean. El cuerpo se organiza para movilizar la energía hacia los tejidos (normalmente musculares), que serán los que lleven el peso de hacer frente a la amenaza. Las tareas de reparación o de construcción se posponen porque no son urgentes, se agudizan los sentidos, se centra la atención en la amenaza y aumenta la velocidad de procesamiento de la información. En resumen, el organismo se prepara para luchar o huir con una precisión espectacular y, aun así, esta compleja disposición fisiológica puede llegar a ser perjudicial, pero ¿de qué manera?

Cada individuo está diseñado para manejarse bien en determinadas condiciones ambientales. Cuando las condiciones ambientales son adecuadas para el individuo, éste funciona bien sin tener que hacer grandes cambios. Sin embargo, si cambian las condiciones de confort, el organismo se puede sobrecargar de dos maneras:

1. *Cuando el individuo no es capaz de hacer frente a una amenaza* porque su capacidad está disminuida (por ejemplo, porque está enfermo) o porque las demandas del entorno sobrepasan a su capacidad de respuesta (por ejemplo, un ascenso profesional que conlleva responsabilidades para las que la persona no está preparada).

2. *Cuando para hacer frente a la amenaza el individuo tiene que hacer cambios tan intensos o durante tanto tiempo que acaban siendo perjudiciales* (por ejemplo, cuando tiene que adquirir una formación extra a toda prisa y durante muchos meses para intentar responder a las responsabilidades que conllevó el ascenso profesional para el que no estaba preparado).

Tener en cuenta estas dos maneras de sobrecarga es fundamental para los tratamientos del estrés, que tanto pueden centrarse en aumentar la capacidad del individuo cuando está reducida como en modificar las condiciones ambientales para que no sobrepasen su capacidad de manejo.

Las primeras explicaciones de Selye a la contradicción entre los aspectos positivos y perjudiciales de la respuesta de estrés se basaron en describirla en tres fases:

- En la primera, la *fase de alarma*, el individuo detecta la amenaza y rápidamente se prepara para la lucha o la huida gastando mucha energía, por lo que baja un poco su resistencia ante nuevas amenazas pero sin comportar excesivas complicaciones para la salud.

- A continuación se inicia la *fase de resistencia,* en la que se pone en marcha la respuesta de estrés para hacer frente a la amenaza y recuperar el equilibrio. El organismo se emplea a fondo en esta fase y pone a toda marcha los mecanismos fisiológicos y conductuales necesarios para resolver la demanda del entorno. En la mayoría de los casos se controla la amenaza y el individuo vuelve a un plácido estado de equilibrio.

- Sin embargo, si no se resuelve la amenaza y se mantienen sobreactivados esos mecanismos durante demasiado tiempo se inicia la *fase de agotamiento*. Por tanto, esta fase se produce únicamente en respuesta a un estrés sostenido y, según Selye, es en la que se producen los trastornos relacionados con el estrés (véase figura 1.4).

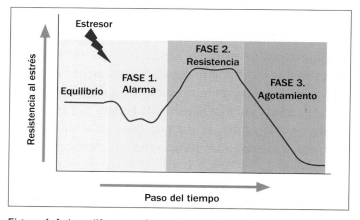

Figura 1.4. *Las diferentes fases del estrés según Hans Selye.*

Mantener demasiado tiempo una respuesta fisiológica de estrés sería como si la alarma de un banco estuviera encendida una semana seguida después de que los ladrones huyeran (con el consiguiente recalentamiento del sistema eléctrico y el despilfarro de energía) y movilizara durante ese tiempo a la policía (que no estaría controlando otros delitos) y mantuviera en ámbar intermitente los semáforos del vecindario y cerrado el acceso a la calle hasta que se apagara la alarma.

Es decir, cuando la respuesta de estrés se mantiene más allá del tiempo para el que fue concebida (una fugaz emergencia) se mantienen activadas determinadas funciones fisiológicas (como el incremento de la frecuencia cardíaca o la movilización de energía en vez de su almacenamiento) que están programadas para ser útiles en una emergencia, pero que pueden ser perjudiciales si se mantienen activadas durante mucho tiempo.

Cuando el estrés es crónico (recuerde que la respuesta de estrés se diseñó para manejar eficazmente emergencias puntuales) se mantienen niveles sanguíneos elevados de cortisol durante demasiado tiempo lo que provoca un exceso de azúcar en sangre, una disminución de la actividad y la eficiencia del sistema inmunológico, un aumento de la sensibilidad al dolor y un empeoramiento de la atención y la memoria. Como ya se dijo anteriormente, la secreción puntual de cortisol es muy útil para huir o luchar, pero si es excesiva o se mantiene durante demasiado tiempo los efectos positivos del cortisol se invierten y se convierten en negativos.

Finalmente, pero no menos importante, una respuesta de estrés sostenida desactiva más allá de lo razonable algunas funciones corporales imprescindibles para mantener un estado saludable (como las tareas de reparación o las de reproducción).

27

Por consiguiente, el estrés solamente será perjudicial cuando el organismo perciba una situación como una amenaza grave, incontrolable e impredecible para su integridad. Por ejemplo, si una persona se enfrenta a una situación de elevada carga laboral, se producirá un estado de estrés siempre y cuando tenga la sensación de no poder hacerle frente y que esa falta de control comporte una sanción, ser degradado, perder prestigio laboral o ser despedido. Es decir, cuando el exceso de trabajo es amenazador e incontrolable.

¿Estoy estresado?

Como hemos visto, el estrés perjudicial es la expresión de la incapacidad para manejar circunstancias vitales amenazadoras. Aunque no es una enfermedad, el estrés es un estado de riesgo para varias enfermedades. Los síntomas que suelen producirse durante un estado de estrés son parecidos a los de los trastornos depresivos y de ansiedad, y en ocasiones a los de algunas enfermedades médicas, pero tanto sus causas como los factores que los mantienen y sus tratamientos son distintos.

No existe ningún cuestionario que permita concluir con fiabilidad que sus síntomas se deben al estrés. Los tests que pretenden medir el estrés se componen de una lista de situaciones potencialmente estresantes (tanto graves, como la muerte de un ser querido, como cotidianas, por ejemplo, los atascos diarios de tráfico). Al responder el test, la persona debe evaluar con qué frecuencia le suceden actualmente cada una de esas situaciones y, sobre todo, en qué medida le afectan (recuerde que incluso la muerte de un ser querido puede ser liberadora para algunas personas en algunas circunstancias y que hay personas a las que les encantan los atascos de tráfico).

Las listas de situaciones que supuestamente son estresantes para la mayoría de la población sin tener en cuenta el grado de afectación real son muy poco útiles por dos razones básicas:

- Cualquier acontecimiento que la persona interprete como una posible amenaza que no podrá manejar de manera adecuada puede desencadenar una respuesta de estrés. Por ese motivo, circunstancias que a la mayoría nos parecerían positivas (como un ascenso profesional) pueden convertirse en estresores (si pienso que el cargo me viene grande).

- Las mismas circunstancias problemáticas afectan de manera muy distinta a cada persona. Por ejemplo, mantener una relación sexual extramatrimonial puntúa como estrés moderado en estas listas de estresores. Esta graduación, que se supone igual para todas las personas, no tiene en cuenta cuestiones tan importantes para que la relación extramatrimonial sea más o menos estresante, como si la persona infiel es más o menos irresponsable, si se preocupa con facilidad, sus creencias religiosas o su facilidad para sufrir sentimientos de culpa, si es cuidadoso ocultando las pistas de la infidelidad, si la relación extramatrimonial se mantiene en circunstancias en las que es difícil ser descubierto, si es la primera vez que la persona es infiel o es algo habitual, si la persona con la que se mantiene la relación extramatrimonial presiona para que el otro se separe, si el/la esposo/a que está siendo engañado parece sospechar, si la persona infiel teme la reacción de su esposo/a o le da igual, etcétera.

Incluso los mismos incidentes pueden afectar de manera diferente a la misma persona en distintos momentos de su vida. Por ejemplo, el potencial para producir un estado de estrés de la muerte de un ser querido no es el mismo si el fallecimiento se produjo de manera súbita tras un accidente de tránsito que si se produjo tras una larga y dolorosa enfermedad.

Por consiguiente, solamente una evaluación minuciosa realizada por un especialista puede determinar si los síntomas que presenta la persona corresponden a un estado de estrés, forman parte de una enfermedad física o mental, o son una respuesta normal dadas sus circunstancias.

Dicho esto, las personas que sufren un estado de estrés suelen presentar de manera persistente varios de los siguientes síntomas:

- Irritabilidad, sentirse fácilmente frustrado, empezar a refunfuñar por todo.

- Aumento de la sensibilidad (por ejemplo, llorar inexplicablemente con los anuncios de televisión).

- Perder el sentido del humor o sentirse desencantado de todo, mostrarse inusualmente reservado.

- Pérdida de interés en las actividades cotidianas incluido el contacto social, aburrirse con todo.

- Fumar demasiado o consumir demasiado alcohol, café, etcétera.

- Fatiga constante que no se reduce con el descanso.

- Sensación de malestar general difuso con síntomas como dolor de estómago, náuseas, mareo, dolor de cabeza, tensión muscular, dolores intermitentes que cambian de lugar.

- Rechinar de dientes mientras se está durmiendo.

- Resfriarse con excesiva facilidad o sufrir infecciones repetidas.

- Pérdida de apetito o tener más apetito de lo normal. Apetencia por carbohidratos o dulces.

- Dificultad para conciliar o mantener el sueño.

- Reducción del impulso sexual.

- Sensaciones desagradables (las personas estresadas las describen como «agobio» o «me irritan» o «me sacan de quicio») en situaciones de estimulación intensa como aglomeraciones, ruido de tráfico, televisores o radios con el volumen alto, conciertos, cafeterías ruidosas, luces intensas, calefacciones o aires acondicionados que los demás no perciben como demasiado fuertes.

- Preocupaciones persistentes e irreprimibles que no conducen a encontrar la solución a un problema.

- Problemas de atención y concentración, olvidos y errores frecuentes, despistarse con facilidad.

- Sensación de falta de control o de incapacidad para manejar las circunstancias cotidianas incluidas las más sencillas como hacer la lista de la compra, o de sentirse abrumado por ellas.

- Dificultad para tomar decisiones, incluidas las cotidianas. Darse fácilmente por vencido.

- Tener la sensación de que todo va a ir mal y de que no hay nada que hacer para resolver su estado y/o sus problemas.

Ideas erróneas sobre el estrés

«Tengo una mala racha, estoy estresado»

A menudo se considera que el desarrollo de un estado de estrés depende de que los estresores sean muy frecuentes o de larga duración. Sin embargo, esta consideración ha sido cuestionada porque cuando un estresor es muy frecuente es más fácil que sea percibido como cada vez más predecible y controlable. De ser así, dejaría poco a poco de producir estrés.

De hecho, la exposición repetida a un estresor se acompaña de un fenómeno que se conoce como habituación y que incluye comportamientos y respuestas fisiológicas contrarias a las de un estado de estrés.

Por ejemplo, en un interesante experimento se estudió la respuesta de estrés de ratas de laboratorio frente a un ejercicio de natación contra corriente (una situación potencialmente amenazadora que las ratas no habían experimentado antes y que no sabían si podrían controlar). Como era de esperar, la primera vez que fueron obligadas a nadar, las ratas iniciaron una respuesta de estrés.

A medida que iban realizando más y más ejercicios de natación las ratas estaban cada vez menos estresadas y se tranquilizaban antes. Lo más interesante es que al cabo de un tiempo las ratas empezaron a lanzarse voluntariamente al agua, un comportamiento sugerente de que la natación contra corriente no sólo ya no era percibida como una situación amenazadora, sino como placentera.

Por consiguiente, tener que enfrentarse a estresores muy frecuentes (lo que se conoce popularmente como «pasar una mala racha») no es suficiente para provocar un verdadero estado de estrés, a no ser que esos estresores supongan una amenaza constante y constantemente incontrolable.

«El estrés siempre es perjudicial»

Si bien es verdad que algunos estudios sugieren que el estrés supone siempre un sobreesfuerzo para el individuo que reduce su capacidad de adaptación, es decir, lo hace más vulnerable a padecer más en las situaciones estresantes e incluso a enfermar, los estudios más recientes afirman que las condiciones ambientales estresantes durante la gestación o los primeros meses de vida, como tener problemas económicos o dificultades sociales, pueden tener consecuencias positivas en la capacidad de adaptarse a los mismos problemas en la adolescencia o la edad adulta.

Por ejemplo, los individuos adultos criados en entornos sociales amenazadores se manejan mejor frente a las amenazas sociales que los que fueron criados en condiciones de estabilidad social. Por tanto, el estrés puede reducir la capacidad de adaptación, pero también sirve para preparar al individuo para afrontar de manera eficaz determinados entornos, como si se tratara de un aprendizaje precoz que nos prepara para manejar mejor situaciones complicadas en el futuro.

Así, lo importante es si las condiciones ambientales en la edad adulta coinciden con aquellas para las que el individuo fue programado en las primeras etapas de la vida, ya que las adversidades con las que no tenemos experiencia parecen ser capaces de generar más estrés.

Igualmente, y como verá en el capítulo del control del estrés, no es cierto que los estresores afecten a todo el mundo por igual. Por ejemplo, un despido puede ser estresante para algunos y liberador para otros. Recuerde que para entender el estrés es fundamental tener en cuenta que no son las cualidades objetivas de un estresor las que provocan un estado de estrés, sino en qué medida ese estresor nos parece una amenaza y cuánta capacidad de controlarlo creemos tener.

«Hombres y mujeres responden por igual al estrés»

Como ya se dijo, el principal objetivo de la respuesta de estrés es preparar al organismo para hacer frente de manera efectiva a una demanda del entorno que requerirá una considerable movilización de energía. Si bien esto es cierto para los dos géneros de cualquier especie, la respuesta femenina de estrés puede ser algo distinta de la del estrés masculino.

Las hembras de muchas especies tienen que hacer frente a las circunstancias que las amenazan con la desventaja de ser menos agresivas que los machos y de tener que hacerse cargo de sus hijos. Como imaginará, esto dificulta luchar o huir para contrarrestar las amenazas. Por tanto, es muy posible que la respuesta femenina de estrés haya evolucionado para incluir conductas amistosas (como sonreír o utilizar un tono de voz más dulce) que les permitan tanto apaciguar una agresión como establecer alianzas que faciliten la protección.

El mecanismo neurohormonal que facilita este tipo de respuestas depende principalmente de la hormona oxitocina que también se relaciona con el establecimiento de vínculos afectivos positivos (su máxima expresión es el enamoramiento) y que, efectivamente, presenta niveles más altos en la respuesta de estrés femenina.

En resumen, para enfrentarse a una amenaza el individuo emite una respuesta fisiológica con el objetivo de obtener la energía necesaria para hacerle frente. Si la amenaza es controlable esa respuesta fisiológica se apaga rápidamente y no se produce un estado de estrés. Las circunstancias que no son amenazadoras o que se pueden controlar provocan respuestas normales que, aunque sean desagradables, no deben ser consideradas estrés.

> Cuando una amenaza es percibida como incontrolable e impredecible, el individuo mantiene una activación fisiológica intensa que puede acabar siendo perjudicial y que es la que caracteriza a un verdadero estado de estrés.

Puntos clave

- El estrés, en sentido amplio, es una respuesta normal del organismo que es muy eficiente para hacer frente a amenazas puntuales a su integridad o a su estabilidad fisiológica.
- Las amenazas graves, impredecibles e incontrolables son las que provocan las respuestas perjudiciales de estrés.
- Las respuestas perjudiciales de estrés pueden deberse a que el organismo no puede manejar la amenaza porque su capacidad está mermada o porque las demandas del entorno son excesivas.
- Los cambios que tiene que hacer el organismo para controlar la amenaza pueden resultar perjudiciales si son muy intensos y si debe mantenerlos durante demasiado tiempo.
- Solamente una evaluación minuciosa puede determinar si los síntomas que presenta la persona corresponden a un verdadero estado de estrés.
- En las primeras etapas de la vida, las adversidades pueden ayudarnos a desarrollar estrategias para superar mejor futuras contrariedades.
- Cuando en edades posteriores el individuo tiene que vivir en condiciones muy distintas

de aquellas para las que fue preparado, el entorno se convierte en estresante. Por tanto, las intervenciones sobre el estrés deben tener en cuenta tanto las capacidades individuales como las condiciones en que se maneja mejor cada persona.

2. Estrés y salud

Como ya se explicó en el capítulo anterior, los cambios corporales que se producen en respuesta a una situación estresante pueden ser muy útiles cuando son breves y no muy repetidos. Cuando estos cambios son muy frecuentes o se producen durante mucho tiempo, la respuesta de estrés puede perjudicar la salud de las personas.

Estas consecuencias negativas para la salud pueden afectar a todos los sistemas del cuerpo y, por tanto, pueden incluir:

- Síntomas digestivos como dolor de estómago, diarrea o estreñimiento.

- Problemas dermatológicos como dermatitis, alopecia areata o prurito psicógeno.

- Aumentar la presión sanguínea, acelerar el corazón o facilitar la acumulación de grasa en los vasos sanguíneos, que son factores de riesgo para las enfermedades cardíacas.

- Incrementar los niveles de azúcar en la sangre facilitando el aumento de peso o la obesidad, que aumentan el riesgo de diabetes o de enfermedad cardiovascular.

- Activar en exceso el sistema inmune y empeorar los síntomas de las enfermedades autoinmunes (como la inflamación), o debilitarlo y facilitar, por ejemplo, el desarrollo de infecciones.

- Síntomas relacionados con el sistema nervioso como la ansiedad, la depresión, los problemas de memoria o la dificultad para tomar decisiones.

Además de ser un factor de riesgo para la salud física, el estrés también comporta un elevado coste sanitario. En España, tan sólo los problemas médicos relacionados con el estrés laboral costaron más de 145 millones de euros en visitas al médico de familia y a urgencias en el período 2006-2007. En los años 2011 y 2012, el estrés laboral costó 55 millones de euros solamente en visitas a urgencias hospitalarias. No hace falta decir que el coste asociado al estrés en general es superior.

Como verá un poco más adelante, el estrés puede influir en la salud física de varias maneras:

a) Aumentando el riesgo de que se desarrollen determinadas enfermedades.

b) Facilitando una peor evolución de las enfermedades que ya se han desarrollado.

c) Dificultando el manejo de las enfermedades o la capacidad para adaptarse a ellas.

d) Facilitando las conductas de riesgo como los hábitos alimentarios inadecuados, el sedentarismo, el consumo de drogas legales e ilegales, o entorpeciendo la adopción de conductas saludables.

Los tratamientos psicológicos son capaces de controlar el estrés y, por tanto, también pueden reducir su efecto negativo y mejorar la salud física. La observación de este efecto beneficioso ha dado lugar al desarrollo de una disciplina sanitaria relativamente nueva, la Psicología Clínica de la Salud, que es capaz de influir positivamente en la salud física modificando los aspectos biológicos, conductuales, emocionales y cognitivos del estrés.

En este capítulo describiremos los efectos del estrés en la salud y cuál es el beneficio para nuestra salud que podemos esperar de los tratamientos psicológicos. Como se podrá apreciar, nos hemos centrado en las enfermedades en las que la relación es más clara y aquéllas en las que esta relación es más controvertida. Puede que le llame la atención que hayamos incluido un apartado sobre la gestación porque, obviamente, no es una enfermedad. Sin embargo, nos ha parecido útil explicar cuál es el efecto real del estrés durante el embarazo, porque esta cuestión acostumbra a generar muchos miedos que en la mayoría de las ocasiones no están justificados.

¿Cómo afecta el estrés a la salud cardiovascular?

Imagine que esta noche al volver a casa tiene la mala suerte de encontrarse con un atracador que se le acerca desde la próxima esquina. Si usted es un ciudadano medio, no excesivamente corpulento y con escasos conocimientos de técnicas de autodefensa, lo más probable es que la mejor manera de manejar la situación sea salir corriendo. Para poder escapar necesitará que sus piernas reciban el aporte adecuado de oxígeno y energía. De eso se encarga el sistema cardiovascular.

La respuesta de estrés frente a la amenaza acelerará el corazón, las venas que devuelven la sangre al corazón se pondrán rígidas lo que, a su vez, obligará al corazón a bombear con más fuerza, y el flujo sanguíneo hacia la musculatura aumentará, pero se reducirá hacia otros sistemas, como el reproductivo, que en este momento no parecen tan esenciales.

No hace falta decir que esta sobrecarga es extremadamente eficiente para aquellas situaciones puntuales en las que hay que poner pies en polvorosa, pero si se activa con excesiva frecuencia o durante demasiado tiempo puede acabar causando problemas graves (recuerde, si no, cómo acabó el soldado Filípides cuando corrió desde Maratón hasta Atenas para anunciar la victoria griega sobre el ejército persa).

Como se puede ver en la figura 2.1, en la página siguiente, el estrés puede influir en la salud cardiovascular de cuatro maneras distintas:

- Como facilitador de otros factores de riesgo, por ejemplo, el tabaquismo o cuando el estrés provoca una reducción de la actividad física que, a su vez, aumenta el riesgo cardiovascular.

- Como factor de riesgo directo (por ejemplo, facilitando el desarrollo de la aterosclerosis[6], el desprendimiento de los coágulos y estados subclínicos de enfermedades coronarias).

---

6. La aterosclerosis es el estrechamiento de la pared arterial como consecuencia de la acumulación de sustancias como el calcio y ácidos grasos como el colesterol y los triglicéridos, que reduce la elasticidad de las paredes arteriales, disminuye el caudal sanguíneo y aumenta la presión arterial.

- Como desencadenante de accidentes cardíacos (especialmente del infarto agudo de miocardio).

- Dificultando la recuperación de un accidente cardiovascular, empeorando la calidad de vida y facilitando las recaídas, es decir, como factor pronóstico.

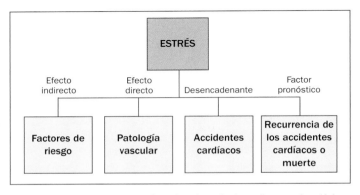

Figura 2.1. *Efectos del estrés sobre la salud cardiovascular. (Adaptado de Steptoe A. y Kivimaki M. Stress and cardiovascular disease. Nat. Rev. Cardiol, 2012:9:360-370).*

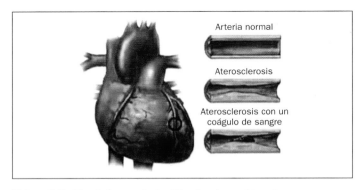

Figura 2.2. *El estrés puede facilitar la aterosclerosis.*

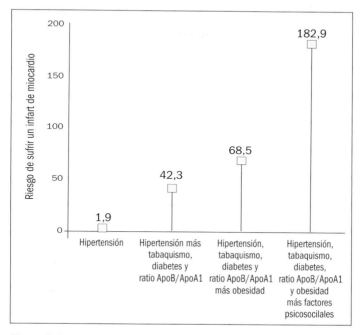

Figura 2.3. *Incremento del riesgo de infarto de miocardio agudo a medida que se añaden factores de riesgo respecto a las personas que no presentan esos mismos factores de riesgo. Estudio INTER-HEART (29.972 personas de 52 países). Adaptado de Steptoe A. y Kivimäki M. Stress and cardiovascular disease. Nat. Rev. Cardiol, 2012:9:360-370).*

Nota 1: La ratio ApoB/ApoA1 es un indicador de riesgo cardiovascular que indica la concentración plasmática de lipoproteínas que facilitan la aterosclerosis respecto a la concentración plasmática de lipoproteínas que la dificultan.

Nota 2: El riesgo de sufrir un infarto de miocardio se define como el número de infartos de miocardio que se producirán en el grupo que presente los factores de riesgo (por ejemplo 1,9 infartos en el grupo que sufra hipertensión) por cada vez que se presente un infarto en el grupo que no presente los factores de riesgo.

El estrés triplica el riesgo de infarto de miocardio agudo tanto en hombres como en mujeres, y en jóvenes y ancianos de todos los continentes cuando se añade a otros factores de riesgo clásicos como el tabaquismo o la obesidad (véase la figura 2.3).

Veamos a continuación de qué manera el estrés contribuye a incrementar de manera tan dramática el riesgo cardiovascular.

El estrés como facilitador de otros factores de riesgo cardiovascular

Algunas conductas de riesgo de sufrir una enfermedad coronaria están influidas por el estrés. Por ejemplo, los fumadores estresados fuman más, tienen menos probabilidades de dejar de fumar y de beber alcohol, y más probabilidades de llevar una vida sedentaria.

El estrés también puede incrementar la probabilidad de sufrir otros factores de riesgo de enfermedad coronaria como los trastornos depresivos o la hipertensión arterial.

Por ejemplo, la presión sanguínea es mayor durante los días de trabajo que en los días festivos. Asimismo, el estrés laboral (definido como una elevada exigencia de las tareas y un bajo control en la manera de realizarlas) se relaciona con el incremento de la presión sanguínea y con la hipertensión.

Además, si el trabajo es estresante, el nivel de cortisol se eleva con más frecuencia y durante más tiempo. Esto hace que también dure más el efecto negativo del incremento de adrenalina en la presión sanguínea. Esta relación se mantiene independientemente del efecto de otros factores como la edad, el índice de masa corporal o el consumo de alcohol. Por si fuera poco, este efecto es dosis-dependiente. Es decir, cuanto mayor es el estrés laboral, mayor es el aumento de la presión sanguínea. Este efecto es aún más acusado cuando se añade a otros factores de riesgo psicosocial, como en el caso de los trabajadores de más edad, con un estatus socioeconómico más bajo, con una elevada carga familiar o con problemas conyugales.

El estrés como factor de riesgo directo para la enfermedad cardiovascular

El estrés ha demostrado ser un factor directo de riesgo para la enfermedad cardiovascular en los siguientes casos:

- *El estrés laboral* aumenta por sí mismo el riesgo de sufrir una enfermedad coronaria independientemente de la edad, el sexo, el estatus socioeconómico de la persona enferma y de otros factores de riesgo como un estilo de vida sedentario o fumar.

  Cuanta mayor es la duración del estrés laboral, más fácilmente se activa la respuesta cardiovascular y más difícil es apagarla. Además, el número de episodios de estrés laboral también influye en la salud cardiovascular. Por ejemplo, el riesgo de desarrollar varias enfermedades que incrementan la probabilidad de sufrir un problema cardiovascular (lo que se conoce como síndrome metabólico) es cada vez mayor si la persona ha sufrido uno, dos, tres o cuatro episodios de estrés laboral en comparación con las que no han sufrido ninguno.

Sin embargo, antes de empezar a pensar en tomarse unas vacaciones, tenga en cuenta que el riesgo de sufrir una enfermedad coronaria por culpa del estrés laboral es mucho menor que el riesgo que conlleva el tabaquismo, la obesidad abdominal y la inactividad física.

- Otras fuentes de estrés que también contribuyen a incrementar el riesgo de sufrir una enfermedad coronaria incluyen los *problemas familiares* conyugales, enviudar, el fallecimiento de un hijo o estar a cargo del cuidado de un cónyuge enfermo.

- En los últimos años se ha podido comprobar la importancia del *aislamiento social* y la soledad, cuyo impacto en la salud cardiovascular podría ser incluso más relevante que el del estrés laboral. Sobre todo si tenemos en cuenta que la falta de apoyo social aumenta el estrés.

- Algunas emociones relacionadas con el *manejo inadecuado del estrés* también pueden incrementar el riesgo de sufrir un problema coronario. Por ejemplo, la hostilidad y la ira frecuente y sostenida duplican la probabilidad de sufrir un accidente cardiovascular, independientemente de los factores de riesgo cardiovascular tradicionales e incluso entre las personas con una tensión arterial normal.

- Finalmente, existen algunos *patrones de comportamiento* que dificultan el manejo del estrés y aumentan el riesgo cardiovascular. Por ejemplo, el patrón D de conducta (caracterizado por una elevada emotividad, la tendencia al pesimismo y a la preocupación y a mostrarse emocionalmente reservado) se relaciona con un mayor riesgo de sufrir un infarto de miocardio, sobre todo entre las personas a las que se les ha implantado un *stent*.

Igualmente, las personas que se comportan siguiendo un patrón A de conducta (caracterizado por la impaciencia, la implicación laboral excesiva, la competitividad y la hostilidad) tienen un mayor riesgo de desarrollar una enfermedad cardiovascular.

En estas circunstancias, el estrés puede ser un factor directo de riesgo para la enfermedad cardiovascular por dos motivos básicos:

- El estrés es capaz de provocar en pocos minutos reacciones cardiovasculares intensas como el incremento de la frecuencia cardíaca y la tensión arterial o el aumento de la viscosidad de la sangre[7].

---

7. Las pruebas que lo demuestran se realizan en el laboratorio y consisten en simular una entrevista de trabajo seguida de una tarea aritmética, ambas en presencia de dos evaluadores entrenados para mostrar desaprobación (Test Trier de Estrés Social).

- La hiperactividad del eje hipotálamo-hipofisario-adrenal y del sistema nervioso simpático que caracteriza a los estados de estrés puede facilitar el deterioro del endotelio (el revestimiento interno de los vasos sanguíneos) que, a su vez, parece preceder a la aterosclerosis.

El estrés como desencadenante de accidentes cardíacos

Una de las cuestiones que probablemente más nos asustan es que una emoción intensa pueda desencadenar un infarto de miocardio[8]. Tanto es así, que no es infrecuente que las personas que han sufrido un accidente cardíaco desarrollen un miedo intenso a ciertas actividades o emociones que aumentan la frecuencia cardíaca (como las relaciones sexuales, las películas de terror, el ejercicio físico o los disgustos) y las eviten.

El papel de los estresores psicológicos como precipitantes del infarto de miocardio se ha estudiado principalmente en relación con acontecimientos vitales estresantes graves y se ha observado que:

- Los terremotos suelen acompañarse de un incremento del número de muertes súbitas y de infartos de miocardio.

---

8. En los años setenta se decía que la película *El exorcista* provocaba infartos entre los espectadores.

- Otros estresores que aumentan el riesgo de un accidente cardíaco agudo incluyen los accidentes industriales graves, los ataques terroristas y los conflictos bélicos.

- También se ha observado un incremento del riesgo de infarto entre los aficionados holandeses masculinos después de que su selección perdiera un partido de fútbol y entre los aficionados alemanes los días que jugaba su selección nacional (especialmente las dos horas antes de la celebración del partido).

Antes de que empiece a asustarse, tenga en cuenta que la gran mayoría de los accidentes cardiovasculares que se producen en el contexto de emociones muy intensas solamente afectan a determinadas personas en circunstancias muy concretas. Por ejemplo, la ira incrementa el riesgo de sufrir un infarto de miocardio durante las dos horas posteriores a su ocurrencia y precede al 15% de las puestas en marcha de los desfibriladores automáticos implantados, pero únicamente cuando adopta la forma de una explosión temperamental.

En general, y para su tranquilidad, sabemos que los estados emocionales intensos pueden actuar como desencadenantes de accidentes cardiovasculares, pero únicamente si la persona es vulnerable a la enfermedad cardiovascular (por ejemplo, si sufre una aterosclerosis avanzada). En el resto de los casos, sufrir un accidente cardíaco tras experimentar una emoción intensa es extremadamente infrecuente.

El estrés como factor de recaída

El papel del estrés como factor pronóstico de la recaída de la enfermedad cardiovascular ha sido muy poco estudiado y las investigaciones al respecto se han centrado especialmente en la depresión y la falta de apoyo social, que como se verá a continuación son fuentes importantes de estrés.

Las pocas investigaciones realizadas hasta la fecha sugieren que la combinación de un estado sostenido de estrés laboral, problemas familiares continuos y acontecimientos vitales negativos frecuentes, especialmente si se añaden al aislamiento social, duplica el riesgo de morir por un nuevo episodio de infarto de miocardio (recuerde que nos estamos refiriendo a personas que ya habían sufrido uno).

Eficacia del tratamiento del estrés en los problemas cardiovasculares

A la vista de la relación entre el estrés y las enfermedades coronarias, parecería razonable suponer que los tratamientos farmacológicos y psicológicos para el control del estrés deberían ser capaces de reducir el riesgo de sufrir un accidente cardiovascular.

En cuanto al tratamiento del estrés laboral, los estudios realizados hasta la fecha observan que:

- Las intervenciones centradas en incrementar la variedad de las tareas en el trabajo no han demostrado ningún efecto significativo en la salud.

- La reducción de la demanda laboral o el incremento del apoyo o la supervisión han mostrado algún efecto positivo, aunque no demasiado importante.

- La única estrategia que ha demostrado ser beneficiosa para la salud de los trabajadores es aumentar el control en la manera de realizar el trabajo. Este tipo de cambios es especialmente beneficioso para la ansiedad, la depresión y el dolor. Sin embargo, el efecto en la reducción de la presión arterial es modesto.

Las técnicas de autocontrol emocional como la relajación, la meditación o el yoga son capaces de reducir transitoriamente la activación del sistema nervioso autónomo. Sin embargo, su eficacia para la reducción del estrés es cuestionable y su efecto en la reducción del riesgo cardiovascular es escaso.

El tratamiento farmacológico con antidepresivos tampoco parece tener ninguna influencia en la presión arterial, la frecuencia cardíaca o su variabilidad, o en la recaída de los infartos de miocardio.

La terapia cognitivo-conductual de control del estrés influye positivamente en la salud cardiovascular. Este tipo de tratamiento psicológico es capaz de reducir la mortalidad por un nuevo accidente cardíaco en las personas que han sobrevivido a un infarto de miocardio. En concreto, las personas que han efectuado un tratamiento cognitivo-conductual para el estrés tienen un 41% menos de recaídas de accidentes cardiovasculares en general y un 45% menos de recaídas de infarto de miocardio.

Puntos clave

- El estrés puede incrementar la probabilidad de sufrir varios factores de riesgo de enfermedad coronaria, como los trastornos depresivos, la reducción de la actividad del sistema inmunológico y otras conductas de riesgo como fumar.
- El estrés puede ser un factor de riesgo directo para las enfermedades cardiovasculares facilitando y acelerando el estrechamiento de las arterias como consecuencia de la acumulación de varias sustancias.
- El estrés puede actuar como desencadenante de accidentes cardiovasculares, pero únicamente en personas vulnerables al estrés y a la enfermedad cardiovascular.
- El estrés laboral grave, problemas familiares continuos y acontecimientos vitales negativos frecuentes, combinados con el aislamiento social, aumentan el riesgo de presentar una recaída del infarto de miocardio.
- El tratamiento cognitivo-conductual del estrés influye positivamente en la salud cardiovascular y reduce la mortalidad en las personas que han sufrido un infarto de miocardio.

Estrés y depresión

Según un estudio de la Organización Mundial de la Salud, el efecto negativo de la depresión[9] sobre la salud es superior al de otras enfermedades como la artritis reumatoide, el asma o la diabetes. Se ha calculado que entre el 5%-20% de la población general sufrirá una depresión grave a lo largo de su vida que le incapacitará durante un considerable período de tiempo.

¿Aumenta el riesgo de depresión en la edad adulta el estrés sufrido en las primeras fases de la vida?

Actualmente sabemos que una de las causas de la depresión es genética. Por ejemplo, si comparamos el riesgo de sufrir una depresión de dos gemelos genéticamente idénticos criados por familias distintas podemos observar que si uno desarrolla una depresión es más fácil que el otro también la desarrolle aunque sus entornos sean diferentes. Es decir, la carga genética puede aumentar el riesgo de depresión independientemente del entorno en el que vive la persona.

Sin embargo, este riesgo es mucho mayor cuando el gemelo vive en un entorno estresante. Por lo tanto, la com-

---

9. El término depresión utilizado en este capítulo no se refiere a la acepción coloquial «estar depre» sino a la grave enfermedad conocida como trastorno depresivo mayor.

binación de la vulnerabilidad genética y un entorno estresante es la máxima responsable de aumentar el riesgo de sufrir una depresión.

Los acontecimientos vitales estresantes graves como el abuso o la negligencia sufridos a edades tempranas pueden ser factores determinantes a la hora de aumentar la predisposición a sufrir una depresión. Por ejemplo, los estudios del psicólogo americano Harry Frederick Harlow con monos Rhesus en los años cincuenta mostraron que la privación del cuidado materno en los primeros seis meses de vida afectaba a la conducta de las crías y reducía su capacidad para manejar los estresores cotidianos[10]. Resultados similares se han obtenido repetidamente en otras especies animales.

Se ha observado que las mujeres y los hombres adultos que sufrieron abusos sexuales en la infancia presentan una respuesta exagerada del eje hipotálamo-hipofisario-adrenal en respuesta a situaciones estresantes en el laboratorio.

No quiere decir esto que todas las personas deprimidas han sufrido abusos sexuales ni que todas las personas que han sufrido abusos sexuales se depriman. Sin embargo, los abusos sexuales en la infancia provocan que el adulto sufra respuestas de estrés más intensas, tenga menos resistencia al estrés y más riesgo de desarrollar

Estrés y salud

---

10. Si usted no es excesivamente sensible, puede ver un resumen de los experimentos de Harlow en http://www.youtube.com/watch?v=_O60TYAlgC4

una depresión. Además, la gravedad de estas consecuencias negativas aumenta de manera proporcional a la gravedad del abuso, su duración y si se produjo a edades más tempranas.

Resultados similares aunque menos consistentes se obtienen con otros tipos de estresores precoces como la pérdida de uno de los progenitores. Afortunadamente, otras circunstancias adversas como los problemas familiares en la infancia no afectan al estrés ni a la depresión en la edad adulta.

En resumen, algunos acontecimientos vitales estresantes graves en las primeras etapas de la vida pueden hacer que en la edad adulta la respuesta de estrés sea más intensa lo que, a su vez, puede hacer que la persona sea más vulnerable a sufrir una depresión.

El estrés y la depresión mantienen una relación bidireccional. Por una parte el estrés puede causar una depresión, pero la depresión también disminuye la resistencia frente al estrés.

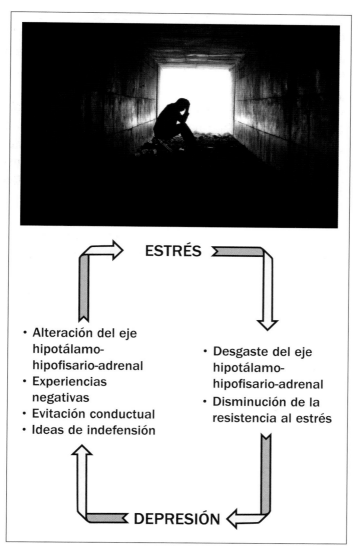

ESTRÉS

- Alteración del eje hipotálamo-hipofisario-adrenal
- Experiencias negativas
- Evitación conductual
- Ideas de indefensión

- Desgaste del eje hipotálamo-hipofisario-adrenal
- Disminución de la resistencia al estrés

DEPRESIÓN

Figura 2.4. *El estrés y la depresión mantienen una relación bidireccional.*

El estrés influye en la depresión

Aunque uno haya tenido una infancia feliz y razonablemente libre de problemas, la presencia sostenida de estrés en la edad adulta puede contribuir al desarrollo de un trastorno depresivo. Por ejemplo, en los meses en los que se produce un acontecimiento vital estresante, el riesgo de desarrollar una depresión en personas vulnerables se multiplica por cinco. Como era de esperar, los acontecimientos vitales estresantes que más frecuentemente se asocian a la depresión en los humanos tienen que ver con la percepción de rechazo o de falta de apoyo social.

La relación entre el estrés y la depresión también se observa en las personas con enfermedades médicas que afectan al funcionamiento del eje hipotálamo-hipofisario-adrenal de manera similar a como lo hace el estrés. Estas personas también presentan una mayor tendencia a tener trastornos depresivos.

Es decir, otro de los mecanismos por los que el estrés puede causar una depresión es mediante la alteración del funcionamiento del eje hipotálamo-hipofisario-adrenal. La secreción excesiva de las hormonas del estrés puede alterar el funcionamiento de los neurotransmisores implicados en la depresión y dañar el hipocampo (o su capacidad de generar neuronas nuevas, todavía no lo sabemos) con el consiguiente deterioro de algunas funciones cognitivas como la atención, la concentración y la memoria. Es decir, el exceso de secreción de las hormonas del estrés puede aumentar el riesgo de sufrir una depresión.

Hace ya algunos años participamos en varios estudios que consiguieron predecir con razonable fiabilidad la posibilidad de sufrir una recaída de un trastorno depresivo grave. Los resultados de estos estudios mostraron que tras varios episodios depresivos estas personas presentaban un funcionamiento deficitario del eje hipotálamo-hipofisario-adrenal y más probabilidades de presentar otra recaída.

Es decir, sufrir varios episodios depresivos disminuyó la capacidad del organismo para responder al estrés, lo que hizo más probable presentar otro episodio depresivo al encontrarse de nuevo con circunstancias estresantes. Lo más esperanzador es que no recayó en la depresión ni una sola de las personas que no presentaban esta alteración y que manejaron el estrés de manera adecuada.

En resumen, el estrés puede causar una depresión, pero los episodios depresivos también pueden dejar una secuela en forma de *«cicatriz neurohormonal»* que disminuye la resistencia al estrés y, por tanto, puede facilitar la aparición de nuevos episodios de depresión.

La depresión influye en el estrés

Por otra parte, la depresión también influye en la resistencia frente al estrés. La depresión puede producir un desgaste del eje hipotálamo-hipofisario-adrenal que puede hacer que las personas que han sufrido varios episodios depresivos tengan una menor resistencia frente a futuros acontecimientos vitales estresantes.

Estrés y salud

En conclusión, parece existir una relación sólida bidireccional entre la depresión y el estrés. Sin embargo, todavía quedan muchas preguntas por responder. Por ejemplo, no conocemos cuál es el mecanismo exacto que explica que los episodios depresivos dejen como secuela una mayor vulnerabilidad al estrés. Tampoco sabemos a ciencia cierta por qué a medida que se acumulan episodios depresivos la relación con el estrés como desencadenante parece disminuir ni por qué dos personas con biografías similares expuestas al mismo tipo de estresores tienen una vulnerabilidad distinta a la depresión.

Las hipótesis más recientes sugieren que la diferencia se encontraría en la capacidad individual para recuperarse del estrés. Por ejemplo, sabemos que el estrés vacía las reservas (o hace que las consumamos más deprisa) de, al menos, uno de los neurotransmisores implicados en la depresión, la noradrenalina.

En la mayoría de nosotros este fenómeno es transitorio: nos sentimos «depres» e inmediatamente el organismo pone en marcha los mecanismos fisiológicos y psicológicos necesarios para recuperarnos. Parece que en las personas más vulnerables a la depresión estos mecanismos tendrían una menor capacidad de recuperación.

Por consiguiente, es posible que haber sufrido numerosos estresores, sobre todo a edades tempranas, tenga como consecuencia que el organismo reaccione cada vez con mayor intensidad frente a estresores cada vez menos intensos y que, además, cada vez se recupere con menos eficacia.

Sin embargo, no olvide que igual que las personas alérgicas a las flores tropicales están seguras si no se exponen a ellas, por mucha vulnerabilidad a sufrir una depresión que uno acarree, es muy probable que una vida libre de estrés (o una en la que el estrés se maneja adecuadamente) sea el mejor seguro contra el desarrollo de una depresión.

La depresión y el estrés: modelos psicológicos

Puede que el modelo psicológico más importante para explicar la relación entre la depresión y el estrés sea el de la indefensión aprendida. Este modelo se definió a partir de los experimentos de Martin Seligman.

En pocas palabras, estos experimentos consistieron en exponer a animales de laboratorio a estresores repetidos, es decir, a estímulos amenazadores como una descarga eléctrica que los animales no podían predecir y sobre los que no tenían ningún control. Estos animales aprendieron que hicieran lo que hicieran no podían evitar las descargas eléctricas. Este fenómeno se conoce como indefensión aprendida.

Los animales en estado de indefensión aprendida desarrollaron síntomas depresivos como dejar de limpiarse, perdieron el interés por la comida y el sexo, y tuvieron más problemas para manejar situaciones cotidianas. Lo más importante es que cuando se les permitió evitar las descargas eléctricas, los animales ya no fueron capaces de probar conductas sencillas (como cambiar de lado en la jaula) que podrían haberles hecho aprender que ahora ya sí podían ahorrarse las descargas eléctricas y, por tanto, salir del estado de indefensión. En suma, los animales llegaron a la conclusión de que hicieran lo que hicieran no podrían controlar la ocurrencia de las descargas eléctricas (u otras amenazas) y abandonaron todo intento de evitarlas o de controlarlas.

Igual que las personas que hayan tenido la desgracia de sufrir una depresión o de observarla en un ser querido, encontrarán un paralelismo razonable con la tendencia a abandonarse, al aislamiento social o con expresiones como «ahora no puedo, quizás mañana; todo me supera; o no hay nada que hacer, nada va a cambiar».

Otra similitud con el estrés fue que los animales deprimidos también presentaron niveles elevados de hormonas del estrés y niveles bajos de algunos de los neurotransmisores implicados en la depresión.

Así pues, la depresión sería la consecuencia de la exposición sostenida a estresores hasta llegar a la conclusión de que las circunstancias que nos rodean son incontrolables. Estas ideas comportan que el individuo se abandone y renuncie a todo intento de mejorar su estado de ánimo incluyendo aquellas estrategias que le harían salir de la depresión. Parafraseando a Seligman, la depresión no sería un estado generalizado de pesimismo, sino de pesimismo sobre el efecto positivo de nuestros comportamientos.

Puntos clave

- El estrés y la depresión mantienen una relación bidireccional. El estrés puede desencadenar una depresión y los episodios depresivos repetidos reducen la resistencia frente a los acontecimientos vitales estresantes.

- Los acontecimientos vitales estresantes graves pueden aumentar la predisposición a sufrir una depresión.

- En la edad adulta, la alteración del eje hipotálamo-hipofisario-adrenal en combinación con la gravedad de la depresión y la presencia de acontecimientos vitales estresantes predicen la recaída del trastorno depresivo.

- La exposición sostenida a estresores puede dar lugar a que la persona llegue a la conclusión errónea de que sus circunstancias son incontrolables, abandonar todo intento de afrontamiento y dar lugar a una depresión.

Estrés y salud

¿Qué relación tienen el estrés y el cáncer?

El estudio de la relación entre el estrés y el cáncer es uno de los clásicos de la historia de la medicina. Sin embargo, las conclusiones de las revisiones científicas realizadas en los últimos cincuenta años son contradictorias.

Antes de seguir adelante, es importante que tenga en cuenta que esta disparidad entre estudios puede deberse a que muchos de ellos evalúan a la persona cuando ya está enferma. Estas investigaciones, que se denominan retrospectivas, pueden verse afectadas por un sesgo del recuerdo.

Por ejemplo, si una persona piensa que el estrés fue una de las causas por las que se desarrollara el cáncer que sufre en la actualidad, es muy probable que su memoria seleccione aquellas experiencias que confirman esa relación entre el estrés y el cáncer y descarte las experiencias que la contradicen. De hecho, una revisión muy reciente de más de 500 investigaciones observa la presencia de una relación muy modesta entre el estrés y el desarrollo de un cáncer, su evolución y la mortalidad.

Dicho esto, se ha propuesto que el estrés podría influir en el cáncer de varias maneras:

- El estrés se acompaña de un estado inflamatorio crónico que podría influir en el crecimiento de los tumores.

- Las hormonas relacionadas con el estrés pueden afectar a los procesos de reparación del ADN, lo que podría: facilitar la aparición de mutaciones relacionadas con el desarrollo de algunos tipos de cáncer, y acelerar el crecimiento de algunos tumores y facilitar su capacidad invasiva y de migración.

- Estas hormonas del estrés también podrían contribuir a la activación de virus oncogénicos (aquellos que pueden transformar la célula que infectan en una célula cancerosa) y reducir la capacidad de vigilancia y defensa del sistema inmunitario, lo que es especialmente relevante en los tipos de cáncer más relacionados con este sistema como el cáncer de piel o el de estómago.

- El estrés aumenta algunas conductas de riesgo para el cáncer como fumar, consumir alcohol en exceso o comportamientos alimentarios que promueven la obesidad.

- El estrés también puede contribuir a que las personas con cáncer experimenten una mayor fatiga y sensibilidad al dolor o más problemas cognitivos y, por tanto, se vean más afectados por el cáncer y lo manejen peor.

¿Puede el estrés contribuir a que se desarrolle un cáncer?

La mayoría de los estudios no observa ninguna relación entre el estrés y el riesgo de desarrollar un cáncer. El único factor que puede estar influido por el estrés y que incrementa moderadamente el riesgo de sufrir un cáncer de pulmón es la depresión. Afortunadamente, el malestar emocional en general o sufrir acontecimientos vitales estresantes no tienen ninguna influencia en el desarrollo de un cáncer.

Algunas veces se ha intentado relacionar el estrés laboral y el cáncer. Para su tranquilidad debe saber que el estrés laboral no se relaciona con el riesgo de sufrir ningún tipo de cáncer. De hecho, puede que tener trabajo, aunque sea estresante, sea incluso un factor protector ya que el tabaquismo, que es un sólido factor de riesgo para el cáncer de pulmón, es más frecuente entre las personas desempleadas.

¿Puede influir el estrés en la evolución del cáncer?

En general, el estrés no parece influir tanto como se pensaba en la progresión del cáncer. En concreto, el estrés no influye en la duración de la supervivencia a un cáncer de estómago, colorrectal, genital femenino, cerebral y de piel. Tampoco se observó ningún efecto del estrés en el riesgo de mortalidad en el cáncer de mama, de pulmón, de estómago y colorrectal.

¿Tratar el estrés puede mejorar el pronóstico del cáncer?

Los resultados iniciales de varios estudios iniciados a mediados de los años setenta despertaron grandes expectativas. Se observó que las pacientes con cáncer de mama que recibieron psicoterapia una vez a la semana durante un año duplicaron el tiempo de supervivencia. Desafortunadamente, ni los análisis más recientes del equipo que realizó la investigación original ni los estudios de otros equipos han sido capaces de repetir estos resultados.

Lo mismo sucede con otro estudio clásico, esta vez sobre el efecto de la educación (sesiones de información) en la supervivencia tras desarrollar un melanoma[11]. Los resultados de los primeros estudios sugerían que los pacientes que recibieron este tipo de información tenían menos recaídas y una menor mortalidad. Sin embargo, estudios posteriores más rigurosos muestran que este tipo de intervención no aumenta la supervivencia, que parece depender, sobre todo, de la profundidad y el grosor del melanoma y de que el cáncer se haya extendido o no a los nódulos linfáticos.

Esto no quiere decir que deban abandonarse las intervenciones sobre el estrés en las personas que sufren un cáncer, sino que únicamente debemos esperar de ellas los efectos beneficiosos que sabemos que tienen. Por ejemplo, los pacientes que no aceptaron participar en el estudio original de la educación sobre el cáncer y la su-

---

11. Un melanoma es una variedad grave del cáncer de piel. El nombre es una combinación del griego *melas* (negro) y *oma* (tumor) en referencia a que es un tipo de tumor pigmentado. Aunque suele aparecer en la piel, también puede desarrollarse en el intestino o el ojo.

pervivencia del melanoma sufrieron el doble de problemas médicos que los que sí participaron. Es posible que estas sesiones educativas contribuyeran a aumentar la persistencia en las estrategias contra el cáncer, que es un aspecto fundamental de su tratamiento.

Las intervenciones sobre el estrés también pueden ayudar a reducir las conductas de riesgo para el cáncer como el tabaquismo o el sedentarismo, el miedo a la recaída, la desconfianza en los profesionales sanitarios o las creencias sobre la inevitabilidad de un desenlace fatal. Estas creencias se agravan con el estrés y pueden provocar que la persona enferma abandone la lucha contra el cáncer.

Mención aparte merece la depresión ya que es el principal factor psicológico de riesgo que puede estar influido por el estrés y que determina una peor evolución de algunos tipos de cáncer. El tratamiento psicológico de la depresión en el cáncer ha demostrado ser capaz de reducir la aparición de nuevos casos de depresión cuando se aplica de forma preventiva y de mejorarla muy significativamente cuando la depresión ya se ha desarrollado. Para obtener todos estos efectos es imprescindible, no obstante, que el tratamiento sea específico (no todo vale), que se mantenga como mínimo durante tres meses y que los terapeutas lo conozcan bien y lo apliquen al pie de la letra.

En resumen, el tratamiento del estrés puede reducir las conductas de riesgo para el cáncer y facilitar que la persona mantenga una lucha activa y las pautas terapéuticas que le recomiende su oncólogo. El tratamiento psicológico también puede prevenir la depresión y resolverla si ya se ha producido. Lamentablemente, el tratamiento del estrés no parece tener un efecto directo claro ni en el desarrollo ni en la evolución del cáncer.

El estrés no se relaciona claramente con el cáncer, pero sufrir un cáncer puede producir estrés

Más allá de la relación entre el estrés y el cáncer, cabe tener en cuenta que la relación inversa también es cierta. Es decir, el sufrir un cáncer es un estresor grave en sí mismo y, de hecho, incluso las personas que han superado un cáncer pueden sufrir más estrés que la población general.

El cáncer y su tratamiento pueden comportar efectos estresantes a largo plazo que pueden tratarse eficazmente con tratamientos psicológicos. Algunas de estas complicaciones incluyen:

- Dolor y fatiga.

- Problemas cognitivos (atención concentración, memoria…).

- Miedo a que el cáncer vuelva a desarrollarse.

- Dificultades de adaptación psicológica.

- Pérdida de apoyo social.

- Dificultades económicas derivadas de tratar el cáncer.

Estas complicaciones y secuelas también pueden afectar negativamente a la manera de adaptarse a la vida tras un cáncer y, sobre todo, pueden reducir la probabilidad de adoptar un mayor número de conductas saludables. Por ejemplo, las personas que aprenden a afrontar el estrés de manera activa adoptan un estilo de vida más saludable en comparación con los que manejan el estrés de manera pasiva. Este tipo de personas se protegen mejor del sol, van a los controles médicos con mayor regularidad, comen de una manera más saludable, hacen más ejercicio y dedican más tiempo a su familia, amigos y pasatiempos.

En resumen, tras un cáncer, las personas con un estilo pasivo de manejo del estrés tienen más probabilidades de no cambiar su estilo de vida a uno más saludable. Enseñar a estas personas un afrontamiento activo del estrés podría facilitar el cumplimiento de las recomendaciones médicas en cuanto a la adopción de conductas saludables lo que, a su vez, podría reducir el riesgo de sufrir una recaída del cáncer.

Para finalizar, cabe tener en cuenta que haber sufrido un cáncer también puede tener un efecto positivo. Muchas de las personas que han sobrevivido a un cáncer realizan cambios vitales beneficiosos. Estos cambios son mayores en aquellas personas que sienten que tienen más control sobre su vida, que disponen de más recursos para hacer frente a las adversidades y que piensan que la adopción de un estilo de vida saludable es la mejor manera de evitar que el cáncer vuelva a desarrollarse. Como sin duda imaginará, todos estos aspectos pueden mejorarse con el aprendizaje de las estrategias adecuadas para el manejo del estrés.

Estrés y salud

Puntos clave

- En la mayoría de los estudios no se observa una relación sólida entre el estrés y el desarrollo de la mayoría de los tipos de cáncer.
- Sin embargo, el estrés puede agravar los síntomas que experimentan las personas con un cáncer y puede aumentar las conductas de riesgo.
- El estrés aumenta el riesgo de depresión que, a su vez, parece aumentar moderadamente el riesgo del cáncer de pulmón.
- Las intervenciones sobre el estrés no parecen influir de manera directa en la evolución del cáncer, pero mejoran la calidad de vida de la persona enferma y facilitan que adopte hábitos saludables que pueden reducir el riesgo de sufrir una recaída.

El estrés y las enfermedades autoinmunes

Las enfermedades autoinmunes incluyen unos ochenta trastornos distintos que se clasifican según el sistema u órgano al que afectan. Por ejemplo, en la esclerosis múltiple o la miastenia gravis la alteración afecta al sistema nervioso; si ataca a las glándulas encargadas de la secreción de hormonas se desarrollan trastornos como la tiroiditis de Hashimoto (tiroides) o la diabetes tipo I (páncreas); mientras que si el sistema afectado es el gastrointestinal puede desarrollarse una enfermedad de Crohn o una colitis ulcerosa. En algunos casos la enfermedad autoinmune puede afectar a múltiples sistemas como en el lupus sistémico, la espondiloartritis anquilosante o la artritis reumatoide.

Aunque se trate de enfermedades diferentes todas ellas tienen en común el mal funcionamiento del sistema inmunitario. El sistema inmunitario es como un complejo ejército de células y moléculas (linfocitos T y B, macrófagos, etcétera) que defiende a nuestro organismo eliminando agentes infecciosos como los virus y las bacterias.

En las enfermedades autoinmunes el problema es que el sistema inmunitario no identifica como propios los órganos, células o tejidos del organismo y los ataca por error como si fueran agentes nocivos. Esta agresión produce un proceso inflamatorio que es el que causa la mayoría de los síntomas de las enfermedades autoinmunes.

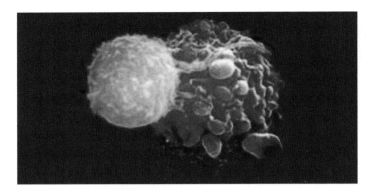

Figura 2.5. *Linfocito atacando a agente infeccioso.*

La respuesta de inflamación está controlada por muchas sustancias (neurotransmisores, citoquinas y hormonas). Algunas de ellas son las encargadas de promover la inflamación y otras de controlarla. Cuando se produce una infección se activa la inflamación y posteriormente vuelve a la normalidad. Si el mecanismo de apagado de la inflamación no funciona bien, el sistema inmunológico se mantiene activado durante demasiado tiempo y la vulnerabilidad a padecer una enfermedad autoinmune aumenta.

Los estresores pueden activar el sistema endocrino, nervioso e inmunológico de forma parecida a como lo hacen las infecciones. Por tanto, son igualmente capaces de comprometer la capacidad del sistema para recuperar la normalidad y aumentar la vulnerabilidad a las enfermedades autoinmunes, especialmente en aquellas personas que ya presentan una predisposición genética a desarrollarlas.

Así pues, el estrés afecta al funcionamiento del sistema inmunitario y, por tanto, también al desarrollo y a la progresión de las enfermedades autoinmunes mediante dos efectos básicos:

- La activación del eje hipotálamo-hipofisario-adrenal que caracteriza al estrés estimula la actividad de las células inflamatorias y, por tanto, contribuye al empeoramiento de la inflamación y al agravamiento de los síntomas de la enfermedad autoinmune.

- Las hormonas del estrés disminuyen la cantidad de proteínas (interferones e interleucinas) que se encargan de activar los linfocitos, que son las principales células defensivas del sistema inmunitario. El resultado final es que los linfocitos responden menos y con menor precisión a las señales de alarma en presencia de una infección. Por tanto, el organismo queda en un estado más vulnerable a las infecciones y otras enfermedades. Es lo que se conoce como inmunosupresión.

Lo curioso es que si las enfermedades autoinmunes se deben a un mal funcionamiento del sistema inmunitario, que ataca células propias como si fueran agresores externos, entonces la inmunosupresión causada por el estrés debería ser deseable para las personas que padecen enfermedades autoinmunes ya que el sistema inmunitario tendría menos capacidad para atacar a las células de su propio organismo.

Entonces, ¿tiene el estrés un efecto protector en estas enfermedades? Lamentablemente no. Como se puede ver

Estrés y salud

en la figura 2.6, las primeras fases del estrés producen un aumento de la respuesta inmunitaria, lo que explicaría por qué el estrés empeora las enfermedades autoinmunes. Solamente en fases más avanzadas se produciría la inmunosupresión propia del estrés crónico.

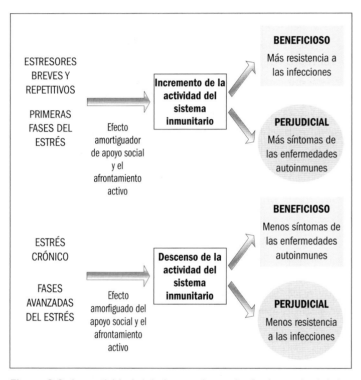

Figura 2.6. *La actividad del sistema inmunitario depende del tipo de estrés.*

Como se puede ver en la figura 2.6, los estresores que más afectan a las enfermedades autoinmunes son los de corta duración pero repetitivos. Por ejemplo, encontrarse un atasco cada mañana, ser incapaz de predecir si se llegará al trabajo a su hora y, sobre todo, si su jefe se mostrará comprensivo, provocará que el sistema inmunológico se active.

Si cuando la situación estresante termina (por fin llegó a su trabajo con sólo cinco minutos de retraso), la actividad del sistema inmunológico no ha disminuido lo suficiente y vuelve a reactivarse (la primera persona con la que se tropieza es su jefe, que no está hoy muy comprensivo) se produce un efecto acumulativo. Si a esto se añaden otros estresores intermitentes (después de tomar un café, Internet dejó de funcionar durante una hora y no pudo mandar ese presupuesto urgente) aumenta el riesgo de facilitar el desarrollo de una enfermedad autoinmune.

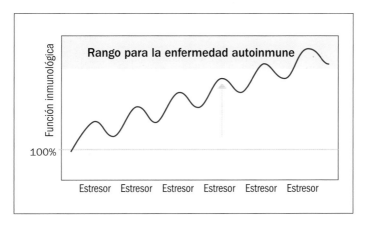

Figura 2.7 *Representación esquemática del modo en que el estrés repetido incrementa el riesgo de desarrollar una enfermedad autoinmune. (Adaptado de Sapolsky RM: Why cebras don't get ulcers, 3rd edition). New York: Henry Holt and Company. LLC., 2014)*

Lo mismo sucede con el empeoramiento de los síntomas en las personas que ya tienen la enfermedad autoinmune: vivir situaciones estresantes de corta duración pero de forma repetida puede hacer que empeoren los síntomas.

Por consiguiente, para que la respuesta de estrés empeore la enfermedad autoinmune, los estresores deben ser breves y repetidos. Si la respuesta de estrés es sostenida, se produce más bien una inhibición del sistema inmunitario. Por este motivo, algunos estudios no encuentran ninguna relación entre haber vivido situaciones vitales estresantes sostenidas como un divorcio complicado o la muerte de un ser querido y el empeoramiento de los síntomas durante el año siguiente en las personas con una enfermedad autoinmune como una artritis reumatoide.

Sin embargo, en muchos estudios tampoco se observa ninguna relación entre el estrés y la evolución de las enfermedades autoinmunes a corto plazo. ¿Cómo se explica esta discrepancia?:

- El apoyo social (personas de nuestro entorno de las que disponemos y en las que confiamos) puede amortiguar el efecto del estrés. Si percibimos un buen apoyo social, se puede retrasar algunos años el impacto del estrés en el curso de la enfermedad.

- Además, el apoyo social es necesario para poder utilizar algunas estrategias de afrontamiento como por ejemplo, recibir ayuda de los demás o poder contar lo que nos pasa mientras que el perderlo las inhabilita.

Por tanto, el tener o el perder apoyo social puede hacer que en determinados momentos de la evolución de una enfermedad autoinmune se observe una relación con el estrés mientras que en otros esta relación se difuminaría.

En resumen, cuando se analiza el impacto del estrés en las enfermedades autoinmunes no sólo debemos tener en cuenta la intensidad y frecuencia de la situación estresante (los estresores frecuentes y breves activan el sistema inmunitario y los estresores sostenidos lo inhiben) sino también otros factores como el apoyo social, el afrontamiento activo o los trastornos depresivos[12].

Finalmente, no olvide que otros factores como la vulnerabilidad genética a la inflamación o determinantes ambientales como el clima, la nutrición y las infecciones víricas pueden jugar un papel tan importante como el estrés en el inicio y la evolución de las enfermedades autoinmunes.

---

12. Por ejemplo, las personas que sufren una enfermedad de Crohn y utilizan un afrontamiento activo del estrés (afrontan los problemas en vez de evitarlos) presentan menos recaídas. En otros trastornos autoinmunes del sistema digestivo la presencia de trastornos depresivos dificulta la mejoría de los síntomas de la enfermedad y prolonga el período en el que es necesario medicarse.

Puntos clave

- Las enfermedades autoinmunes son debidas a un fallo en el sistema inmunitario: las células que se encargan de la defensa del organismo ante la mayoría de las enfermedades atacan por error a partes del propio cuerpo (órganos, tejidos).
- El estrés actúa regulando el sistema inmunitario para hacer frente a las enfermedades, en un primer momento aumenta su actividad para, posteriormente, disminuirla.
- En esta primera fase de activación del sistema inmunitario es cuando el estrés tiene un impacto más fuerte sobre las enfermedades autoinmunes produciendo la inflamación y los síntomas propios de estas enfermedades.
- El estrés tiene un papel importante tanto en el inicio como en la evolución de las enfermedades autoinmunes. Si el sistema inmunitario se vuelve a activar repetidamente antes de haber recuperado su nivel basal puede llegar a producirse un desequilibrio. En dicho momento, el sistema inmunitario está tan activo que aumenta la posibilidad de que se inicie un ataque al propio organismo por error, produciendo el inicio de la enfermedad o un nuevo brote.

- Aprender a controlar el estrés tiene efectos beneficiosos en la evolución de las enfermedades autoinmunes, disminuyendo la respuesta fisiológica sobre el sistema inmunitario y, consecuentemente, reduciendo los síntomas y el malestar del paciente.

El estrés durante la gestación

En las sociedades occidentales se recomienda a las mujeres embarazadas no consumir alcohol, no fumar, no comer determinados alimentos o cocinados de determinada manera, hacer ejercicio pero no demasiado y mantenerse laboralmente activas aunque no en exceso. Como leerá un poco más adelante, parece que tampoco es recomendable que se sientan ansiosas o estresadas. Tanto es así, que el Colegio Estadounidense de Ginecología y Obstetricia recomienda que en todos los casos de embarazo se evalúen los riesgos psicosociales y se intervenga en consecuencia.

Sin embargo, y antes de que empiece a angustiarse (o lo que es peor, a sentirse culpable), no es cierto que el sufrir ansiedad durante el embarazo tenga siempre consecuencias negativas, ni tampoco es cierto que estas complicaciones sean necesariamente graves y mucho menos irreversibles. Recuerde que los resultados de los estudios científicos nunca son determinantes si no que muestran posibilidades (aunque algunos titulares así lo sugieran).

El estrés y la ansiedad, igual que hacer demasiado ejercicio o demasiado poco, pueden aumentar la probabilidad de que el feto presente algunos problemas, pero no son una sentencia.

Hemos dedicado una especial atención a este apartado para evitar en la medida de lo posible ansiedades innecesarias a las madres gestantes y sentimientos de culpa injustificados a las madres que hayan tenido la mala fortuna de que sus hijos presentaran alguna de las complicaciones que a continuación se detallan. Por favor, no pierda de vista las puntualizaciones y salvedades de los datos que aparecen a continuación y no olvide que muchos de los factores de riesgo durante la gestación no dependen del control de la futura madre.

Muchos de los primeros estudios sobre las consecuencias psicológicas de la gestación se realizaron en centros privados e incluyeron mujeres en una situación social favorable. Sin embargo, muchas mujeres deben afrontar el embarazo en situaciones que distan mucho de ser las ideales y que pueden incluir, por ejemplo, tener que compaginarlo con la actividad laboral y doméstica, en un contexto de dificultades económicas y en ausencia de un apoyo familiar o social adecuado. Por consiguiente, a veces la gestación puede ser más un período vital estresante que una temporada de feliz espera.

El estudio de los efectos del estrés durante la gestación se ha centrado especialmente en dos factores de riesgo para el recién nacido: el parto prematuro (antes de las 37 semanas de gestación) y el bajo peso al nacer (inferior a los 2,5 kg).

¿Puede provocar el estrés un parto prematuro?

El parto prematuro se ha relacionado con la exposición a acontecimientos estresantes graves como la muerte de un familiar, problemas en casa o vivir en la indigencia o en un entorno de pobreza o delincuencia. El riesgo de parto prematuro se incrementa si a la presencia de estos estresores graves se le añade la sensación subjetiva de estar estresado y la ansiedad. En concreto, los niveles graves y sostenidos de estrés a lo largo de la gestación[13] pueden influir en la probabilidad de que la duración de la gestación sea inferior a lo normal.

Por el contrario, la ansiedad leve o los estresores cotidianos como encontrarse un atasco cada día, que su pareja no recoja los calcetines o que se estropee el ordenador

---

13. La ansiedad sobre la gestación se define como el miedo por la salud y el bienestar del feto, los síntomas de amenaza de parto, los procedimientos sanitarios, el postparto y la poca capacidad para cuidar del recién nacido. Recuerde que una cierta dosis de preocupación durante el embarazo, especialmente en el primero, es normal.

cada dos por tres no han demostrado relación alguna con el parto prematuro en ningún estudio.

¿Puede provocar el estrés un bajo peso al nacer?

En cuanto a la relación entre el estrés y el bajo peso al nacer, parece que los resultados más consistentes se refieren a la influencia de la depresión, que comporta un riesgo de bajo peso cuatro veces superior al de los recién nacidos de madres sin síntomas depresivos.

Tenga en cuenta, no obstante, que este efecto de la depresión únicamente se observa en mujeres que viven en condiciones sociales y económicas muy empobrecidas. Lo mismo se aplica a otras circunstancias vitales estresantes como el desempleo y vivir en condiciones de apiñamiento, que únicamente aumentan el riesgo de bajo peso al nacer en mujeres con un estatus económico bajo.

¿Cuáles son los mecanismos que podrían explicar las relaciones entre el estrés y el parto prematuro o el bajo peso al nacer?

La actividad del eje hipotálamo-hipofisario-adrenal se incrementa progresivamente durante la gestación. Este incremento es el que determina que el parto se produzca cuando el feto está maduro. El estrés grave durante la gestación aumenta aún más la activación del eje hipotá-

Estrés y salud

lamo-hipofisario-adrenal y, por tanto, puede provocar que se dé la señal para que se produzca el parto antes de la maduración completa del feto.

En los estados de estrés graves (en humanos solamente se ha observado en casos de conducta violenta por parte del cónyuge), la sobreexposición del feto al cortisol de la madre puede influir en el bajo peso al nacer. Además, también puede causar que el eje hipotálamo-hipofisario-adrenal del bebé reaccione con mayor intensidad ante el estrés y que presente más conductas ansiosas.

La actividad física extenuante, como fuente de estrés, puede incrementar el riesgo de preeclampsia (hipertensión arterial durante el embarazo), de presentar un retraso del crecimiento uterino (pesar, durante el embarazo, menos que el 90% de los bebés de la misma edad gestacional) y de parto prematuro.

El estrés aumenta las conductas de riesgo como fumar, consumir sustancias estupefacientes o conductas alimentarias patológicas. Las mujeres fumadoras que durante la gestación experimentan estrés relacionado con el embarazo (no estrés en general) tienen una mayor probabilidad de fumar y, como consecuencia, de que sus hijos presenten un bajo peso al nacer. Los hábitos alimentarios inadecuados, que a veces se incrementan con el estrés, también son factores de riesgo para el bajo peso al nacer. El fumar y el consumo de estupefacientes (especialmente de cocaína) también se relacionan con el parto prematuro.

¿Afectan negativamente al feto las emociones de la madre?

Una cuestión controvertida es la influencia de las emociones (como el estrés) de la madre en el estado del hijo que está gestando. Efectivamente, el estado emocional de la madre influye momentáneamente en la conducta motora y la frecuencia cardíaca del feto lo que, a su vez, puede influir en la maduración neurológica, la conducta motora y los reflejos del neonato durante las primeras semanas de vida. Sin embargo, el efecto negativo del estado emocional de la madre en el feto se limita únicamente a las futuras madres que sufren niveles muy graves de ansiedad.

Tener poco apoyo social hace que sea más difícil manejar el estrés, pero ¿es un riesgo durante el embarazo?

El apoyo social y su relación con el estrés es el factor sociocultural más estudiado en relación con el riesgo durante el embarazo. En algunos estudios se ha observado que no disponer de recursos sociales o de apoyo social se relaciona con el riesgo de bajo peso al nacer. Aumentar los recursos sociales reduce ese riesgo independientemente de la etnia de la madre, del nivel educativo, del riesgo obstétrico y del género del bebé.

El apoyo social ha demostrado ser capaz de reducir el efecto negativo del estrés en el peso al nacer, especialmente en las adolescentes de bajo estatus socioeconómico. En otros estudios también se observa que mantener relaciones sociales positivas y afectuosas (especialmente con el cónyuge) tiene un efecto protector para la salud del hijo que se está gestando.

Finalmente, parece que vivir en un entorno que caracterizado por actitudes comunitarias (considerar importante la familia y la interdependencia) influye positivamente en varios factores fisiológicos durante el embarazo.

En conclusión, los datos actuales sugieren que el apoyo social de calidad parece ser protector para el embarazo. Esto es especialmente relevante para aquellas mujeres que sufren un elevado número de acontecimientos vitales estresantes graves durante la gestación.

Sin embargo, incrementar el apoyo social sin mejorar las condiciones ambientales o socioeconómicas no es eficaz para reducir la probabilidad de un parto prematuro o de presentar un bajo peso al nacer. No es extraño, ya que el apoyo social, por bueno que sea, no es capaz de contrarrestar el efecto negativo de vivir en condiciones precarias.

¿Puede afectar el estrés al desarrollo del recién nacido?

Una de las cuestiones que ha despertado más interés en el campo de la gestación y el nacimiento es el de la programación fetal, es decir, el efecto del entorno materno intra y extrauterino no sólo en el desarrollo del feto, sino también en su posterior evolución física y mental.

Algunos estudios observan que el estrés materno durante la gestación puede influir tanto positiva como negativamente en la capacidad de aprendizaje, el desarrollo psicomotor y la conducta. La explicación a esta aparente contradicción es que el desarrollo neurológico del cerebro humano requiere una dosis adecuada, aunque no excesiva, de estrés tanto durante la gestación como en el posparto.

Además, el efecto del estrés parece ser distinto dependiendo del momento del embarazo. Por ejemplo, la exposición del feto a elevados niveles de cortisol materno en las primeras fases de la gestación se relaciona con un peor desarrollo posnatal, pero la misma exposición al final de la gestación se relaciona con una aceleración de ese mismo desarrollo.

En cambio, la ansiedad grave durante la gestación, especialmente si se trata de ansiedad por el embarazo, se ha relacionado con problemas en la capacidad de atención y del desarrollo psicomotor y mental durante el primer año de vida del niño.

Además, también se ha relacionado con algunos aspectos de la personalidad del niño como, por ejemplo, la irritabilidad o el carácter temeroso, con problemas conductuales y emocionales entre los 4 y los 7 años de edad, e incluso con la impulsividad y la conducta agresiva en la infancia y la adolescencia.

Sin embargo, debe tenerse en cuenta que estas observaciones no tienen en cuenta un factor crucial para los problemas de conducta de los niños: las normas educativas. Existe una relación muy bien establecida entre los problemas conductuales de los niños y las normas educativas, como mantener una disciplina estricta aunque inconsistente (premiando o castigando la misma conducta), mantener muy pocas interacciones positivas con el niño o ejercer un escaso control y supervisión.

¿Qué hace a las futuras madres más resistentes al estrés durante el embarazo?

De entre todas las características que hacen a la futura madre más resistente al estrés durante el embarazo, la que funciona mejor es la combinación del optimismo, una elevada autoestima y una elevada sensación de control sobre las circunstancias personales. Es muy probable que estas características ejerzan su efecto protector facilitando la adopción de conductas saludables como no fumar, hacer algo de ejercicio y poner en práctica soluciones eficaces a los problemas cotidianos.

No hace falta decir que aunque no tenga un carácter especialmente optimista (y no es fácil que le dé tiempo a cultivarlo durante el embarazo) o no vaya sobrada de autoestima, siempre puede aprender estrategias que aumenten su sensación de control sobre sus circunstancias personales para incrementar su resistencia al estrés.

¿Qué tal funcionan las intervenciones terapéuticas para el estrés durante la gestación?

Como ya se ha dicho anteriormente, los programas de intervención cuyo objetivo es el incremento del apoyo social (cuya ausencia reduce el buen manejo de un contexto estresante, sobre todo en presencia de unas condiciones sociales precarias) son capaces de reducir la probabilidad de un parto prematuro o de que el bebé presente un bajo peso al nacer siempre que vayan acompañadas de la mejoría de las condiciones en las que vive la madre.

Las intervenciones breves sobre la depresión y la violencia de género, en tanto que fuentes de estrés, no aplicadas por profesionales sanitarios expertos y que no abordan otros factores de riesgo como el consumo de alcohol o de drogas no tienen ningún efecto en el riesgo de sufrir complicaciones médicas durante el embarazo.

Uno de los programas que ha resultado ser más eficaz para reducir la probabilidad de presentar problemas debidos al estrés durante el embarazo y el posparto va dirigido a las madres que viven en condiciones sociales precarias. A estas madres, cuyo embarazo es de alto riesgo, se les enseña a cuidarse y a cuidar de sus hijos mediante visitas a domicilio durante el embarazo y los dos años

Estrés y salud

siguientes al parto. En estas visitas se enseña y se ayuda a las madres a mejorar su nutrición y el cuidado de sus hijos, a adoptar conductas saludables y a reducir el consumo de tabaco. Además, este tipo de programas también son capaces de reducir la futura conducta delictiva de los hijos de las madres que reciben la intervención.

Las técnicas de relajación, bien sea activa, pasiva o escuchando música, son capaces de reducir los niveles de cortisol de las madres y de mejorar los índices de variabilidad de la frecuencia cardíaca de los fetos. Aunque no hay duda de que su efecto es beneficioso, recuerde que igual que no está demostrado que el estrés afecte al feto a no ser que sea muy grave, tampoco podemos afirmar con rotundidad que las intervenciones que ayudan a la madre a estar menos estresada tengan un efecto claro en el desarrollo del feto o en la salud del recién nacido.

Actualmente, están muy de moda las técnicas de *mindfulness* para tratar casi todo lo relacionado con la salud mental. El *mindfulness* consiste principalmente en el aprendizaje de técnicas de meditación con el objetivo de inducir estados de relajación y ser más consciente de las experiencias sensoriales y emocionales y aceptarlas sin juzgarlas. Las técnicas de *mindfulness* pueden reducir transitoriamente la ansiedad de las gestantes, aunque su efecto en el estrés, la ansiedad en general y la ansiedad por el embarazo puede que no sea superior al de leer un *best-seller* sobre el embarazo, el posparto y el cuidado del neonato.

El tratamiento cognitivo-conductual de control del estrés supervisado por un psicólogo clínico experto es eficaz para reducir el estrés y los niveles de cortisol de las madres socialmente desfavorecidas y de sus hijos. Este tipo de tratamiento incluye aprender a resolver los problemas relacionados con el cuidado de los hijos, promover su desarrollo, modificar los pensamientos negativos de las madres e incrementar sus actividades positivas y las relaciones sociales gratificantes.

La única salvedad es que incluir en el tratamiento cognitivo-conductual información extensa sobre cuán «críticos y arriesgados» pueden ser los primeros meses de vida de su hijo estresa a las madres durante los primeros meses del posparto. No es de extrañar, ya que recibir información sobre riesgos que no podemos controlar suele generar más ansiedad que beneficio. Afortunadamente, a los 18 meses del parto, a las madres se les suele pasar el «susto psicoeducativo» y se sienten menos estresadas y con un mejor estado de ánimo.

Existen otras intervenciones sencillas que se basan en indicar a las futuras madres que eliminen los aspectos estresantes de su vida y participen en actividades gratificantes como pasear y aumentar el número de interacciones sociales positivas. Las mujeres que son capaces de seguir tan envidiables instrucciones observan una reducción de su nivel subjetivo de estrés y de los niveles de cortisol salivar. Resultados similares se han obtenido con los masajes relajantes siempre que se reciban con regularidad.

En resumen, el estrés durante el embarazo puede ser un factor de riesgo para el parto prematuro o el bajo peso al nacer, pero únicamente en casos graves de ansiedad o depresión o en aquellos casos en los que el estrés se relaciona con un nivel socioeconómico muy empobrecido.

Las intervenciones enfocadas a paliar la precariedad son capaces de amortiguar el efecto del estrés en la salud del gestante. La terapia cognitivo-conductual o el disponer un contexto gratificante son capaces de reducir el estrés de las madres.

Puntos clave

- Los estresores graves y un nivel muy intenso y sostenido de ansiedad durante el embarazo pueden aumentar el riesgo de un parto prematuro.
- El riesgo de bajo peso al nacer es mayor en los hijos de las madres que además de vivir en condiciones sociales y económicas muy empobrecidas han sufrido una depresión durante el embarazo.
- El estado emocional de la madre solamente produce un efecto negativo en el feto si se trata de niveles muy graves de ansiedad.
- Los programas de incremento de apoyo social no tienen ningún efecto en el riesgo de parto prematuro o de bajo peso al nacer si no van acompañados de la mejoría de las condiciones ambientales o socioeconómicas precarias.
- Los tratamientos psicológicos son capaces de reducir el estrés de las madres. No sabemos con seguridad si este efecto también se extiende a los hijos que están gestando.

Estrés y salud

3. Resiliencia: el desarrollo de la entereza frente a la adversidad

¿Qué es la resiliencia?

Todos conocemos a personas que han vivido situaciones difíciles a lo largo de la vida y han tenido la capacidad de sobreponerse y continuar con su vida. ¿Nunca se ha preguntado cómo lo han conseguido? Sorprende la capacidad que tienen estas personas para recuperarse de las adversidades como la muerte de un familiar o un divorcio problemático. La pregunta es evidente, ¿qué tienen estas personas que les permite sobreponerse de forma rápida? Por si fuera poco, a veces salen reforzadas de la situación y comentan con los demás que esa experiencia les ha permitido crecer y hacerse más fuertes.

La respuesta a estas preguntas reside en la resiliencia, que según la Real Academia Española, se define como *la capacidad humana de asumir con flexibilidad situaciones límite y sobreponerse a ellas.*

La resiliencia es un proceso que permite adaptarse bien a la adversidad. El significado del término inglés está relacionado con la capacidad de rebotar. Es decir, sería como si uno pudiera vivir situaciones problemáticas sin que ello le afectara más allá de un cambio en la dirección que toma su vida. Esto no quiere decir que las personas con mayor resiliencia no se vean afectadas por emociones negativas como la tristeza o la angustia como consecuencia de las situaciones difíciles que experimentan a lo largo de su vida. Lo que diferencia a estas personas son las conductas, pensamientos y acciones que llevan a cabo para sobreponerse a la adversidad. Y la buena noticia es que pueden aprenderse.

No es necesario haber nacido con unas capacidades extraordinarias para tener una mayor resiliencia, pero sí es cierto que la mayoría de los estudios coinciden en la importancia de la genética a la hora de poseer esta capacidad. Además, parece ser que la infancia es un período importante para su desarrollo. Durante los primeros años de vida, la vivencia de situaciones estresantes y la forma como se han resuelto, combinada con la presencia de un fuerte vínculo con los cuidadores que garantice un modelo a seguir y que se base en la confianza, serán determinantes para construir adultos con gran capacidad de adaptación.

¿Cómo son las personas que tienen mayor resiliencia?

Davis definió siete áreas implicadas en la resiliencia y que se basan en la posesión de una serie de características personales y sociales que se detallan a continuación:

1) Tener una buena salud y un temperamento fácil que permita ser flexible y tener respuestas emocionales de intensidad media o leve.

2) Tener vínculos seguros y confianza en los demás.

3) Tener buenas habilidades sociales que permitan conseguir ayuda de los demás.

4) Tener buenas habilidades para planificar y una alta autoeficacia, es decir, creer en la propia capacidad para llevar a cabo la acción necesaria y lograr un resultado deseado.

5) Tener un buen nivel de competencia emocional que incluya habilidades como la capacidad de regular las propias emociones, de retrasar la gratificación, de mantener una buena autoestima (siempre que ésta sea realista) y utilizar el humor y la creatividad en beneficio propio.

6) Tener capacidad para ayudar a los demás.

7) Tener un propósito vital, es decir, objetivos que den importancia a la existencia y a nuestra vida.

Resiliencia:
el desarrollo de
la entereza frente
a la adversidad

Cómo mejorar la resiliencia

Como puede observar en el listado anterior, para la mayor parte de nosotros puede ser difícil reunir todas estas cualidades, pero ¿quiere decir esto que no hay nada que hacer para tener una mayor resiliencia? La mayoría de los autores que trabajan en el desarrollo de la resiliencia coinciden en que es un proceso sujeto al aprendizaje y, por tanto, deberíamos ser capaces de mejorarla.

El aprendizaje de la resiliencia requiere repetir una y otra vez, como si se tratara de un entrenamiento físico, el afrontamiento de pequeñas adversidades. Para ello, se sugiere que la principal tarea a realizar sea hacer frente a pequeños retos que impliquen cierta dificultad pero sin generar mucho estrés, en vez de evitar pequeñas dificultades, lo que muchas veces hacemos por pereza o porque nos lo podemos permitir. Algunos ejemplos de estos retos serían ir a una fiesta cuando no se conoce a nadie o sólo a una persona, o conseguir que un compañero de trabajo con el que no tiene mucha relación le ayude a realizar un trámite que él conoce y usted no.

Este proceso de afrontamiento funcionaría como una vacuna: a medida que vamos haciendo frente a pequeñas dosis de una situación adversa de pequeña intensidad nuestro organismo se va haciendo más resistente aumentando así nuestra resiliencia.

Este fenómeno es muy parecido al de un aprendizaje complejo y acumulativo. Pongamos por caso que le dice a su hijo que está en los primeros cursos escolares que será capaz de resolver problemas con sistemas de ecuaciones. Seguramente se verá sobrepasado, pero una vez haya aprendido a multiplicar primero y después a dividir se encontrará preparado para un reto mayor como sería resolver estos problemas.

Afrontando y resolviendo con éxito pequeñas situaciones que consideramos desafiantes conseguimos aumentar nuestra sensación de control. Como ya se ha comentado en capítulos anteriores, la baja sensación de control es, junto a la falta de predicción, una de las principales fuentes de estrés. Cuando pensemos en cómo hemos resuelto las situaciones previas (aprender a multiplicar o a dividir) lo valoraremos como un éxito y nos sentiremos más confiados y con mayor sensación de control para afrontar el siguiente reto (resolver el sistema de ecuaciones).

Un ejemplo al respecto podría ser el caso de una persona que tiene que enfrentarse a una separación sabiendo que tendrá dificultades económicas para tirar adelante y empieza a buscar formas de ahorrar en su economía doméstica. También puede comentar a sus amigos y vecinos que va a empezar a vender pequeños abalorios y libretas decoradas. Todos estos pequeños cambios quizás no mejoren rápidamente su economía pero pueden dirigirla a otros negocios que en un futuro le permitan vivir mejor, e incluso algún día podría llegar a tener su propio negocio de venta de complementos.

Resiliencia:
el desarrollo de
la entereza frente
a la adversidad

Otra ventaja de este aprendizaje es que nos permite mejorar la planificación de nuestras acciones. Mientras vamos afrontando pequeñas situaciones de forma exitosa aprendemos cómo hacerlo y qué pasos debemos seguir para conseguirlo.

El siguiente paso será aplicar este aprendizaje cuando la persona realmente lo necesite, es decir, en el momento en que esté frente a una situación amenazante para él, susceptible de producir una respuesta de estrés.

La finalidad de este aprendizaje reside en ser consciente de que incluso ante la mayor adversidad uno puede realizar pequeños cambios para modificarla. Puede que estos cambios no produzcan una mejoría inmediata y radical en la situación pero sí que pueden variarla ligeramente, mejorando la sensación de control y la previsibilidad de la situación lo que reducirá la percepción de estrés y la consiguiente amortiguación de su efecto en la salud tanto física como mental.

Finalmente, debemos tener en cuenta que generalmente para conseguir salir airosos de situaciones que nos son adversas necesitamos de los demás. Por este motivo también se debe tener en cuenta a las personas que tenemos a nuestro alrededor y saber identificar a las que nos pueden prestar ayuda. Tenga en cuenta que será más fácil que estas personas nos ayuden si nosotros hemos cuidado esta relación estableciendo lazos fuertes mediante un comportamiento basado en la reciprocidad y la equidad. Es decir, si previamente hemos tenido una relación justa con ellos y les hemos prestado ayuda cuando lo han necesitado o nos lo han pedido.

En resumen, el aprendizaje de la resiliencia debe estar guiado por uno mismo, favoreciendo una actitud activa basada en hacer frente a las pequeñas dificultades del día a día en lugar de evitarlas. Teniendo en cuenta a nuestras personas queridas y aprovechando las ocasiones que la vida nos brinda y sus dificultades para compartirlas con ellas, ya sean amistades, familiares o nuestra pareja.

El fin último de este proceso es la toma de conciencia de nuestros éxitos y cómo a partir de ellos vamos creciendo y salimos reforzados de nuestras experiencias negativas, tomándolas como una parte más de nuestra vida y acercándonos a la consecución de objetivos vitales que le den sentido.

Ayuda profesional para mejorar la resiliencia

También cabe la posibilidad de acudir a un profesional para que le ayude a aumentar su resiliencia. Uno de los tratamientos más novedosos ha sido desarrollado por Christine Padesky. Este tratamiento psicológico, basado en la psicología positiva (desarrollo y potenciación de las características psicológicas positivas de la persona), consta de cuatro etapas diferenciadas en las que el terapeuta busca las virtudes de la persona para aplicarlas como modelo personal de resiliencia.

En la primera etapa se realiza la búsqueda de los aspectos fuertes o virtudes personales de la persona. Esta búsqueda se centra en el análisis de aquellas actividades de ocio, laborales o sociales que la persona realiza y que le son placenteras. El análisis parte de la base de que ninguna actividad está ausente de dificultades, y que para poder mantenerla la persona tiene que poner en marcha diferentes virtudes para superar esas adversidades y mantener su actividad.

Una vez detectadas las fortalezas de la persona se pasa a construir un «Modelo Personal de Resiliencia». Para elaborar el modelo es necesario que el terapeuta y el paciente colaboren buscando ejemplos de aquellas conductas que le han llevado al éxito en sus actividades cotidianas. Para ello se elaboran metáforas y se utiliza la imaginación como método de búsqueda de emociones, pensamientos y conductas unidos a las virtudes personales.

El siguiente paso será aplicar el «Modelo Personal de Resiliencia» a aquellas áreas vitales en las que la persona esté teniendo dificultades en ese momento. Se trataría de aplicar aquello que funciona bien en las situaciones en las que el paciente está teniendo problemas. El objetivo de esta fase no es resolver la situación en sí misma, sino potenciar la fortaleza o re-siliencia en las situaciones que están sobrepasando al paciente.

El cuarto y último paso es la práctica repetida. Para aprender cualquier cosa es necesario repetirla muchas veces. Piense cuántos números ha aprendido desde que utiliza un teléfono que memoriza los números de sus familiares y amigos y compárelo con los números de teléfono que aprendió cuando era necesario marcarlos.

Para favorecer el aprendizaje se diseñan situaciones en las que se ponen en práctica las habilidades detectadas en aquellas situaciones que se resuelven habitualmente con éxito. Además de practicar, en esta fase también se busca cumplir otro objetivo: analizar si la resiliencia del paciente está aumentando para posteriormente desenvolverse con éxito en situaciones adversas inesperadas sin necesidad de recurrir a evitarlas.

El objetivo último es reducir el número de situaciones cotidianas o extraordinarias que se experimentan como adversas y que el paciente pueda superar las dificultades que se dan en nuestro día a día saliendo reforzado de la experiencia.

Como puede observar, este tratamiento tiene muchos puntos en común con el desarrollo autónomo de la resiliencia. Este hecho nos permite pensar en su posible utilidad en el tratamiento del estrés y la mejora de la resiliencia. Aun así, debido a su corta edad, todavía no tenemos suficientes datos sobre su eficacia, es decir, no podemos decir que sea un buen tratamiento sino que simplemente parece prometedor.

Resiliencia:
el desarrollo de
la entereza frente
a la adversidad

Puntos clave

- La resiliencia es el proceso que permite que las personas se adapten bien a las situaciones que producen estrés utilizando estrategias eficaces de afrontamiento de la adversidad.
- El principal factor que favorece la resiliencia es tener relaciones positivas con los demás, que impliquen el cuidado y apoyo mutuo.
- Para mejorar la resiliencia es necesario afrontar de forma repetida pequeñas situaciones que supongan un desafío, desarrollando estrategias de afrontamiento útiles y adecuadas para aumentar la resistencia a futuras adversidades.
- Existen algunos tratamientos psicológicos para aumentar la resiliencia que se basan en detectar y aplicar las fortalezas de la persona a las dificultades cotidianas. Aunque su planteamiento es alentador todavía están en fase experimental.

4. El control del estrés

Durante años han proliferado listas de acontecimientos vitales estresantes que pretenden medir de manera objetiva el impacto medio de diferentes circunstancias adversas. Puede que la más conocida sea la que elaboraron los psiquiatras Thomas Holmes y Richard Rahe. Basándose en las historias médicas de un amplio grupo de sujetos, Holmes y Rahe elaboraron una lista que ordenaba de 0 a 100 el impacto de diversos tipos de circunstancias que originalmente consideraron estresantes para cualquier persona de cualquier cultura. Incluso se propuso un índice de riesgo de sufrir un trastorno mental o médico por estrés basado en la suma del impacto de los acontecimientos vitales estresantes del último año.

Como ya se apuntó en el capítulo 1, pronto surgieron notables críticas a la homogeneidad del impacto de los acontecimientos adversos. Imagine, por ejemplo, que tiene usted una amiga que en el último año ha experimentado problemas conyugales por dificultades de índole sexual y en Navidad decide divorciarse e irse de vacaciones. Su índice total sugiere un riesgo moderado-alto de sufrir un trastorno relacionado con el estrés independientemente del sufrimiento o el alivio que suponga el divorcio, del impacto familiar o de si después del divorcio se fue de vacaciones al Caribe con su entrenador personal.

Paradójicamente, la imprecisión de este tipo de escalas es la mejor de las noticias. Más allá de lo adversas que puedan ser las circunstancias vitales, existe un grupo de personas que parecen inmunes al estrés o que son capaces de disponerse y de disponer su contexto de tal manera que parecen siempre a salvo de los efectos negativos del estrés que se han descrito en los capítulos anteriores.

El capítulo anterior trataba de cómo eran esas personas imperturbables frente al estrés, aquéllos que atrapados en su coche en medio de un espeluznante atasco se preparan para disfrutar relajadamente de su programa de radio favorito mientras a los demás se nos llevan los demonios. A continuación, y para los menos afortunados, vamos a tratar de describir cómo aprender a manejarse con igual eficacia frente a las constantes demandas de nuestro entorno.

El secreto de la eterna juventud

Para empezar, describamos el objetivo perfecto. Numerosos estudios coinciden en describir a las personas que al final de sus vidas se mantienen envidiablemente saludables como aquellos que:

- No fumaron.

- Consumieron alcohol con moderación.

- Hicieron ejercicio físico (pero no demasiado) de manera regular.

- Mantuvieron un peso adecuado.

- No sufrieron una depresión.

- Mantuvieron una relación matrimonial estable y afectuosa.

- Manejaron las circunstancias adversas (el estrés) con entereza. Esto es más sencillo si uno tiene la suerte de tener una personalidad extrovertida y poco neurótica, si ha nacido en una familia de estatus socioeconómico elevado y si ha sido capaz de mantener una red social adecuada, que le respeta y lo necesita.

Sin embargo, aunque uno no haya tenido la buena fortuna de contar de salida con esas cartas, todos podemos aprender técnicas que reduzcan eficazmente el impacto físico y psicológico del estrés. A veces tan solo es necesario enfrentarse una y otra vez a las circunstancias estresantes para habituarse a ellas y que nuestro organismo deje de emitir una respuesta de estrés[14], en otras ocasiones hay que invertir algo más de tiempo y esfuerzo en aprender a controlar las amenazas a nuestra salud.

Sin embargo, antes de empezar a describir los tratamientos más populares para el control del estrés es necesario que conozca cuáles son los mecanismos que los humanos utilizamos para regular nuestras emociones en general.

¿Cómo controlamos nuestras emociones?

Seguro que alguna vez se ha preguntado por qué hay personas que no tienen miedo de cruzar un callejón oscuro, son capaces de contener la risa cuando alguien tropieza y se cae, se mantienen imperturbables ante cualquier provocación o permanecen inescrutables jugando al póker.

La respuesta se encuentra en las estrategias de regulación emocional, es decir, aquellos procesos que determinan la aparición, la intensidad y la duración de los estados emocionales.

---

14. Un eminente colega aún recuerda el horror de la primera vez que el avión en el que viajaba cruzó una zona de turbulencias. Hoy duerme confortablemente mecido por las turbulencias.

La capacidad de regulación emocional
es el componente fundamental de
las estrategias de control del estrés que
intentan enseñarle a reducir el impacto emocional
de los estresores.

Aunque existen varios modelos que intentan explicar cómo regulan sus emociones las personas, el más conocido data de finales de los años noventa y describe cinco grandes estrategias basadas en el momento en que se aplican.

Las primeras cuatro estrategias son aquellas que se centran en el desencadenante de la emoción. Por tanto, se aplican antes de que la emoción se produzca. La quinta estrategia se utiliza para reducir la emoción una vez que ya se ha producido.

Las dos primeras estrategias consisten simplemente en evitar la situación o en modificarla para que no se produzca la emoción que uno quiere prevenir. El resto de las estrategias generales de control de las emociones (modificar la atención, cambio cognitivo y modulación de la respuesta emocional) se dividen en otras más específicas tal y como se muestra en la tabla 4.1.

Imagine, por ejemplo, que aquella compañera (o compañero, tanto da) de trabajo que tanto le gusta y que es un gran fan de las películas de terror le invita a ir al cine. Usted, que se conoce y sabe que es de temperamento miedoso, está convencido de que si accede corre un serio riesgo de no dar una impresión excesivamente digna.

Para salir airoso del compromiso puede utilizar alguna de las cuatro estrategias que modifican el desencadenante de la emoción (en este caso, la película de terror):

- Excusarse y no ir (*estrategia 1: evitar la situación*).

- Convencerla de ir a ver el último estreno de la factoría Disney (*estrategia 2: modificar la situación*).

- Distraerse durante la película con imágenes de unas románticas vacaciones en Venecia con su amigo o amiga o jugando con el móvil (*estrategia 3: modificar la atención*).

- Convencerse de que lo que está viendo no es real (*estrategia 4: cambio cognitivo*).

También puede utilizar la quinta estrategia, aquella que se utiliza para reducir la emoción una vez que ya se ha producido:

- Respirar profunda y rítmicamente e intentar relajarse para dar los menos respingos posibles o disimular para que no se le note que está aterrorizado (*estrategia 5: modulación de la respuesta emocional una vez que ya se ha producido*).

PROCESO	ESTRATEGIA BÁSICA	SUBTIPOS	DEFINICIONES Y EJEMPLOS
Estrategia 3: modificar la atención	Distracción	Distracción activa positiva	Pensar en algo positivo no relacionado con la emoción o la situación que provoca la emoción (pensar en las vacaciones con su amiga en vez de estar atento a la película de terror)
		Distracción pasiva positiva	Enfrascarse en una tarea positiva no relacionada con la emoción o la situación que provoca la emoción (jugar con el móvil en vez de estar atento al orador en una conferencia plúmbea)
		Distracción activa neutral	Pensar en algo neutro no relacionado con la emoción o la situación que provoca la emoción (repasar qué tareas hará mañana en vez de pensar que no habrá quien le levante de la cama)
		Distracción pasiva neutral	Enfrascarse en una tarea neutral no relacionada con la emoción o la situación que provoca la emoción (contar hacia atrás de siete en siete en vez de escuchar otra vez la misma reprimenda de su jefe)
	Concentración	Concentrarse en sentimientos	Centrarse en la experiencia emocional (fijarse en lo asustado que está para verificar que no acaba teniendo un infarto, dejarse invadir por la nostalgia) o recordar cómo se sintió en una situación similar (por ejemplo, el orgullo de la última vez que habló elocuentemente en público)

PROCESO	ESTRATEGIA BÁSICA	SUBTIPOS	DEFINICIONES Y EJEMPLOS
Estrategia 3: modificar la situación	Concentración	Concentrarse en causas y consecuencias	Pensar en las causas, el significado o las consecuencias de sus emociones (valorar por qué está enfadado con su esposa, lo mal que le sienta y las consecuencias de seguir enfadado con ella)
		Concentración mixta	Concentrarse en las emociones que está sintiendo y en sus causas, significado y consecuencias
Estrategia 4: Cambio cognitivo	Reinterpretación	Reinterpretación de la respuesta emocional	Interpretar la emoción de una determinada manera (por ejemplo, es normal sentir miedo en esta situación, significa que soy una persona sensible y no hay motivo para avergonzarme por ello)
		Reinterpretación de la situación que causa la emoción	Reinterpretar el contexto que da pie a la emoción (por ejemplo, me han despedido del trabajo, ¡Por fin dejaré de ver a García!)
		Reinterpretación tomando distancia	Alterar el impacto emocional de la situación adoptando una perspectiva más objetiva o menos (por ejemplo, si se tomó demasiado a pecho que sus compañeros no le avisaran para tomar café, imaginar qué le diría a su hijo si se enfurruñara por el mismo motivo)
		Reinterpretación mixta	Reinterpretación de la respuesta emocional y/o de la situación que provoca la emoción y/o tomando más distancia o menos

PROCESO	ESTRATEGIA BÁSICA	SUBTIPOS	DEFINICIONES Y EJEMPLOS
Estrategia 5: modulación de la respuesta emocional	Supresión	Supresión de la expresión de la emoción	Disimular la expresión emocional (por ejemplo, ocultar la ira que le provoca el enésimo chismorreo de su vecina cotilla)
		Supresión de la emoción	Controlar la emoción (por ejemplo, relajarse, no ponerse en el lugar del otro o no permitirse la compasión)
		Supresión de los pensamientos que provoca la emoción	Por ejemplo, no pensar en qué hará con su vida si pierde el trabajo, no darle vueltas a por qué su esposa está llegando tarde a casa otra vez
		Supresión mixta	Disimular las emociones y/o controlar la emoción o no permitirla y/o no permitir los pensamientos que provocan la emoción

Tabla 4.1. *Resumen y ejemplos de las estrategias que nos pueden permitir controlar la aparición, intensidad y duración de las emociones. (Las dos primeras grandes estrategias de control de las emociones tan solo consisten en evitar o modificar la situación que provoca la emoción y por ese motivo no se incluyen en esta tabla).*

El control del estrés

¿Qué estrategias de control de las emociones funcionan mejor?

Imaginemos una situación potencialmente estresante como un examen final para el que no ha estudiado mucho. En términos generales, las estrategias de modificar los pensamientos para reinterpretar el estresor como menos amenazador («siempre puedo recuperar en septiembre») o para aumentar la sensación de control («voy a centrarme en estudiar las integrales, que siempre caen») y la distracción («jugar con la consola para no pensar en la posibilidad de suspender») son capaces de convertir las emociones negativas en positivas con una razonable eficacia.

Sin embargo, las estrategias de concentración no son efectivas. En concreto, centrarse en las causas y las consecuencias de las emociones puede ser perjudicial[15].

Intentar reducir las emociones directamente (por ejemplo, relajándose para tranquilizarse o intentando convencerse de que todo irá bien) no tiene ningún efecto sobre ellas o incluso las empeora un poco. De hecho, las estrategias de reducción de la respuesta emocional son tan populares como poco efectivas. Probablemente la razón

---

15. La próxima vez que alguien insista en que para encontrarse mejor es imprescindible hablar de cómo y por qué se siente mal, puede recordarle que hacerlo puede ser perjudicial.

sea que a los humanos nos es extremadamente difícil controlar las emociones que experimentamos[16].

Por ejemplo, si un compañero de trabajo nos hace una faena somos capaces de no pegarle, pero nos cuesta más no enfadarnos con él. Es decir, nos es fácil controlar la expresión de las emociones, pero no su experiencia. De hecho, suprimir la expresión de la emoción (no mandar a nuestro jefe a freír espárragos) es efectivo mientras que suprimir la emoción (no enfadarnos con él) no lo es. Por supuesto, esto no quiere decir que haya que suprimir por completo la expresión de las emociones, sino que es necesario evaluar cuidadosamente para quién y en qué situaciones es adecuado frenar la expresión de las emociones.

Puede que llegados a este punto esté preguntándose, ¿así que no es efectivo expresar siempre las emociones negativas? Pues no, la idea de que las emociones deben dejarse salir porque si no pueden enquistarse o «explotar si no las saca fuera» proviene de un modelo antiguo que entendía erróneamente las emociones. A pesar de seguirse utilizando, esta técnica ha demostrado ser perjudicial, por ejemplo, para el tratamiento de la ira y del trastorno por estrés postraumático, hasta el punto de ser explícitamente desaconsejada en la Guía del prestigioso National Institute for Clinical Excellence del Reino Unido.

---

16. Si alguien le insiste en que lo que tiene que hacer es calmarse o animarse puede recordarle que tenemos datos suficientes para saber que eso funciona muy poco.

En resumen, si está estresado porque tiene más trabajo del que puede hacer y a pesar de hacer más horas que un reloj usted está constantemente preocupado por si pierde su empleo por una supuesta falta de productividad, la estrategia con mayores probabilidades de éxito mientras no le despidan parece ser la siguiente: recordar que por fin perderá de vista al pesado de García (estrategia de reinterpretar la situación que causa la emoción negativa), recordar qué hubiera hecho su padre, que era un luchador imbatible, en su lugar (estrategia de tomar distancia) e imaginar las vacaciones que se tomará con la indemnización (estrategia de distracción activa).

Como comprenderá, estas estrategias no le solucionarán los problemas objetivos que acompañarían a la pérdida real de un empleo, pero le ahorrarán angustias innecesarias mientras eso no suceda y a lo mejor le permiten ser más eficaz en el trabajo.

¿Cómo funcionan las estrategias para el control del estrés?

Como ya se dijo en el capítulo 1, los organismos son capaces de reducir por sí mismos la respuesta de estrés cuando ha dejado de ser necesaria y antes de que un encendido prolongado comporte un efecto nocivo.

Las estrategias de manejo del estrés son casos particulares de las estrategias de regulación general de las emociones que hemos descrito antes. En ellos se intenta controlar la emoción que provoca la presencia de una amenaza incontrolable. Todas estas estrategias de control del estrés parecen actuar mediante estructuras nerviosas parecidas (especialmente las que componen el sistema límbico que regula las emociones) y a través de los mismos actores neuroquímicos implicados en la motivación y la recompensa (véase la figura 4.1).

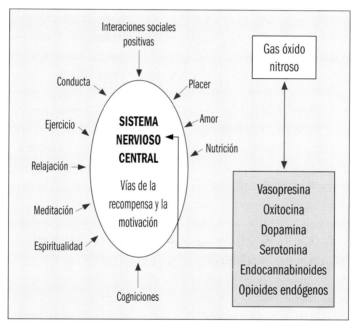

Figura 4.1. *Las distintas estrategias de control del estrés comparten mecanismos biológicos similares basados en las vías nerviosas que regulan la recompensa y la motivación. Es muy posible que estas coincidencias reflejen la existencia de mecanismos de control del estrés que el organismo posee de manera innata. (Adaptado de: Esch T & Stefano GB. The neurobiology of stress management. Neuroendocrinol Lett 2010; 31(1): 19-39).*

El control del estrés

La activación de estas vías nerviosas también sirve para recompensar la propia aplicación de las estrategias que han sido capaces de reducir el estrés. Es decir, cuando conseguimos reducir el estrés, nuestro organismo nos recompensa por el trabajo bien hecho con una sensación agradable, relajante y de una cierta euforia. Esta sensación se produce mediante la liberación de dopamina, endorfinas y opiodes endógenos, y su objetivo es que recordemos aquello que nos funcionó bien (refuerzo del aprendizaje de la estrategia) y que nos apetezca volver a utilizar.

Los programas de entrenamiento en el control del estrés

El entrenamiento en el control del estrés es un tipo de tratamiento cognitivo-conductual cuya eficacia ha sido demostrada científicamente. Este tratamiento consiste en el aprendizaje de varias estrategias que incluyen, entre otras, la reestructuración cognitiva, las técnicas de relajación, y el aprendizaje de estrategias de solución de problemas y de técnicas de interacción interpersonal asertiva[17].

El entrenamiento en el control del estrés ha demostrado ser capaz de reducir los niveles de cortisol en personas

17. En pocas palabras, aprender a relacionarnos con los demás de tal manera que expresemos nuestros sentimientos y alcancemos nuestros deseos y necesidades de manera civilizada y sin pisotear los del vecino.

sanas, y en pacientes con enfermedades tan estresantes como el VIH y el cáncer de mama.

Asimismo, este tipo de tratamiento es capaz de reducir el estrés escolar y la ansiedad, y de mejorar el rendimiento académico en adolescentes. Aplicado a los atletas lesionados es capaz de reducir el estrés de la recuperación causado por el dolor posquirúrgico y la ansiedad durante la rehabilitación, así como de acelerar la recuperación de la actividad física. Cuando se aplica a personas con un riesgo moderado-alto de sufrir problemas mentales, este tratamiento es capaz de reducir el malestar afectivo, la ansiedad y el impacto de los estresores cotidianos, y de mejorar la asertividad y la satisfacción con el entorno social.

Figura 4.2. *Los programas de entrenamiento en control del estrés reducen la ansiedad y mejoran el rendimiento académico en adolescentes.*

El control del estrés

Los beneficios de los programas de entrenamiento en el control del estrés no se limitan a la impresión subjetiva de las personas que los reciben, sino que también benefician su funcionamiento fisiológico. Por ejemplo, un tratamiento cognitivo-conductual breve consistente en aprender cuatro estrategias de reducción del estrés (la reestructuración cognitiva, las técnicas de solución de problemas, la relajación muscular progresiva y las autoinstrucciones) es capaz de reducir los niveles de cortisol (hormona del estrés) en pruebas de laboratorio para producir estrés de forma experimental (Test Trier de Estrés Social).

Como era de esperar, las personas que recibieron este tratamiento también explicaron que la prueba de laboratorio les pareció menos estresante que al grupo que no recibió el tratamiento y manejaron la situación estresante con mayor competencia.

Últimamente está de moda administrar este tipo de tratamientos mediante programas informáticos. Aunque su eficacia parece similar a la de los tratamientos administrados por un terapeuta humano, los abandonos son mayores en los grupos tratados por la computadora.

Uno de estos programas informáticos es el SMART-OP (Stress Management and Resilience Training for Optimal Performance). El SMART-OP consiste en aprender a manejar el estrés en seis semanas mediante animaciones, juegos y presentaciones en vídeo interactivas en un entorno virtual que facilita el aprendizaje de las técnicas cognitivo-conductuales que forman parte de los paquetes clásicos de manejo del estrés (relajación, reestructuración cognitiva, y estrategias de comunicación asertiva y de solución de problemas).

Las personas que se entrenan con el SMART-OP dicen obtener un mejor manejo y una mayor reducción del estrés que las que únicamente reciben información sobre el manejo del estrés. Sin embargo, esta mejoría no se traduce en ninguno de los indicadores fisiológicos de estrés. En resumen, parece que el programa informático aumenta la sensación subjetiva de control del estrés. Sin embargo, este aumento no se corresponde con lo observado en los indicadores fisiológicos. Cabrá ver qué tal se comporta el programa cuando se compare con el tratamiento administrado por un terapeuta experto ya que el grupo con el que se comparó el efecto del SMART-OP no recibió más que información sobre el estrés.

Los programas de entrenamiento en el control del estrés son eficaces. Sin embargo, estos programas combinan diferentes componentes (como la solución de problemas y la reestructuración cognitiva), lo que hace que sea difícil saber cuál de sus técnicas es la que funciona o si todas ellas son útiles. Por ese motivo, veamos a continuación qué sabemos de cada una de ellas.

El control del estrés

Las técnicas de reestructuración cognitiva: convertir una amenaza en un estimulante desafío personal

La evaluación y respuesta a las amenazas objetivas a nuestra supervivencia (como una herida grave) no suelen requerir la participación de procesos cerebrales excesivamente complejos. Es decir, el cerebro se limita a reaccionar de forma bastante automática y pone en marcha los mecanismos fisiológicos y conductuales necesarios para proteger la integridad del organismo.

Sin embargo, los estresores psicológicos suelen requerir un complejo trabajo simultáneo de la corteza cerebral y el sistema límbico. Estas áreas del cerebro se encargan de evaluar las amenazas potenciales y son las principales responsables de la respuesta anticipatoria de estrés: aquella que emite el organismo cuando ha decidido que una determinada circunstancia puede llegar a ser amenazadora. Por consiguiente, las técnicas de control del estrés basadas en la reinterpretación de la amenaza son capaces de influir en la actividad de estas estructuras cerebrales.

Por ejemplo, hace más de 50 años se estudió el efecto de un mismo estresor en un grupo de personas sanas. En concreto, se evaluó la respuesta fisiológica de los padres de niños que estaban muriéndose de cáncer. Se descubrieron varios factores relacionados con la manera de evaluar ese estresante acontecimiento que diferenciaban a los padres muy estresados de los poco estresados en cuanto al nivel de secreción de hormonas del estrés.

El primero de los factores fue la tendencia a anticipar desgracias irreparables e incontrolables, es decir, a anticipar circunstancias gravemente amenazadoras. Por ejemplo, aquellos padres que mientras no estaban en el hospital estaban preocupados por si su hijo moría repentinamente sin tenerlos a su lado segregaron mayores niveles de hormonas del estrés que los que estaban preocupados por si su hijo se sentiría solo porque las enfermeras no tendrían tiempo para prestarles una atención constante.

Otro factor relevante en la respuesta de estrés de los padres fue la tendencia a descartar o devaluar la información positiva. Por ejemplo, aquellos padres que cuando su hijo mejoraba seguían revisando su temperatura, su aspecto, si seguía tosiendo o teniendo dolor, segregaron mayores niveles de glucocorticoides que los que estaban más pendientes de los indicadores de mejoría o que aquellos que estaban convencidos de que su hijo acabaría recuperándose[18].

Otro factor que protegió a los padres fue la reinterpretación en términos espirituales. Aquellos padres que pensaban que la enfermedad de su hijo era una prueba que Dios estaba poniendo a su familia, y que Dios no pone a prueba a cualquiera para hacer frente a retos de seme-

---

18. Tenga en cuenta, no obstante, que los padres que no consideraron la posibilidad de una recaída fueron los que segregaron mayores niveles de glucocorticoides cuando sus hijos finalmente fallecieron.

jante calibre, también fueron los que segregaron menores niveles de glucocorticoides.

Robert Sapolsky, un experto internacional sobre estrés, cita un ejemplo muy ilustrativo de reinterpretación: se dice que llegar al cielo consiste en pasar la eternidad estudiando los libros sagrados y que ir al infierno consiste en pasar la eternidad estudiando los libros sagrados. Es decir, estar en el cielo o en el infierno depende de cómo interpretemos la perspectiva de pasar la eternidad estudiando los libros sagrados. Lo mismo sucede con las circunstancias adversas. Si las evaluamos como una amenaza incontrolable dispararán una respuesta de estrés. Si modificamos esa evaluación y dejamos de percibirlas como una amenaza desactivaremos la respuesta de estrés.

Sin embargo, no olvide que existen verdaderos infiernos. Es muy probable que reinterpretar como inofensivo un safari nocturno a pie por el parque nacional Kruger acabe teniendo consecuencias tan catastróficas como reinterpretar que un cáncer de pulmón acabará curándose sin tratamiento médico. Es decir, las reinterpretaciones del grado de amenaza del estresor únicamente funcionan bien cuando la calificación de peligrosidad es claramente excesiva, pero no para estresores objetivamente peligrosos ni para circunstancias objetivamente adversas. En resumen, espere que las cosas vayan bien, pero no niegue la posibilidad de que puedan ir mal y prepárese para ello.

Otro tipo de reinterpretaciones que nos pueden ayudar a resistir al estrés con mayor eficacia tienen que ver con la

ubicación de las causas y el control de lo que nos sucede.
Aquellas personas que consideran que lo que nos sucede depende de circunstancias azarosas e incontrolables
o de lo que hagan o dejen de hacer los demás son menos
resistentes al estrés que las que consideran que el control o la responsabilidad de lo que nos sucede dependen
de lo que hagan ellas mismas.

Muy probablemente, la relación de esta manera de pensar con el manejo eficaz del estrés tenga que ver con que
promueve el afrontamiento activo (si la solución depende
de mí no hay más que ponerse manos a la obra) y nos
protege frente a las creencias de indefensión o, lo que es
lo mismo, llegar a la conclusión de que, haga lo que haga,
la situación no va a cambiar (entre otras cosas porque la
solución no depende de mí).

Sin embargo, tenga en cuenta que atribuir lo bueno o
malo que nos sucede a nuestro propio comportamiento
es un factor predictivo de un buen control del estrés únicamente en el caso de que sus condiciones socioeconómicas sean razonables. Para las personas que deben
sobrevivir en condiciones de precariedad, pensar que lo
que les sucede depende de su propio comportamiento
puede ser desastroso porque en la mayoría de las ocasiones no será cierto por mucho que se esfuercen.

La reinterpretación cognitiva no sólo puede dirigirse al
grado de amenaza que percibimos sino también al control que creemos tener sobre esa amenaza. Por ejemplo,
desde que se otorgó a los pacientes con dolor crónico

EL CONTROL DEL ESTRÉS

grave la capacidad de decidir en qué momento administrarse el analgésico disminuyó, en contra de lo esperado, el consumo de estos fármacos, mejoró el control del dolor y se redujo la incertidumbre y la ansiedad de los pacientes.

Otro ejemplo asombroso del efecto del control se observa en los estudios que evalúan los beneficios de permitir a las personas que viven en residencias geriátricas que decidan sobre cuestiones cotidianas. Las personas ancianas a las que se les permite tomar este tipo de control se muestran más activas, mantienen más interacciones sociales, se sienten más felices, su salud mejora y la incidencia de fallecimientos se reduce a la mitad. Es decir, se ven menos afectados por el estrés de vivir en un entorno que les es ajeno.

Sin embargo, igual que en el caso de la percepción de amenaza, aumentar la sensación de control sobre algo que no podemos controlar tampoco funciona. No intente controlar la ocurrencia de algo que es inevitable y no intente reparar lo que no está roto o lo que no tiene arreglo.

Algunas consideraciones sobre el aumento de la previsibilidad y la sensación de control

Si ha leído con atención el apartado anterior ya habrá imaginado que la práctica totalidad de los manuales de autoayuda para el estrés incluyen un capítulo en el que se recomienda aumentar la capacidad de prever los estresores y la sensación de control sobre ellos. Es cierto que, en caso de conseguirlo, la previsibilidad es capaz de reducir la respuesta de estrés pero con algunas excepciones:

- La capacidad de predecir la ocurrencia de un estresor no es eficaz cuando éste es inevitable, cuando aumentamos la previsibilidad poco tiempo antes de que suceda o mucho antes de que se produzca (en ambos casos no evitará que se produzca una respuesta anticipatoria de estrés)[19].

- El exceso de información sobre la ocurrencia de un estresor también puede ser estresante si abona la idea de incontrolabilidad (piense, si no, en la constante avalancha de información sobre una crisis económica que no podemos controlar) o si confunde la planificación de las estrategias de control (como la última vez que un servicial taxista le ofreció siete caminos alternativos para llevarle a casa).

Por su parte, el aumento de la sensación de control puede ser perjudicial e incluso llegar a convertirse en un estresor en sí mismo en los siguientes casos:

- Si va acompañado de tener que asumir la responsabilidad completa sobre el resultado obtenido en el manejo del estresor o si la persona tiene un sentido ex-

---

19. Efectivamente, no es cierto que anticipar una y otra vez un acontecimiento negativo como una ruptura de pareja haga que uno esté más «preparado» y la acepte mejor cuando finalmente sucede.

cesivo de la responsabilidad (el capitán del barco tiene el control absoluto de la embarcación pero también es el responsable último de la integridad de sus pasajeros).

- Si está injustificado o es excesivo (por ejemplo, otorgar a los enfermos de cáncer o a sus familias la capacidad de controlar el curso de la enfermedad).

En pocas palabras, aumentar la sensación de control es muy eficaz para aquellos estresores que tenemos la capacidad real de controlar y potencialmente perjudicial cuando la capacidad de control que creemos tener excede de la capacidad de control real[20].

Por otra parte, no es cierto que a todo el mundo le guste tener el control sobre sus circunstancias. De hecho, existen notables diferencias (y notablemente estables) entre personas en cuanto al deseo de controlar lo que nos sucede. Imagine por un momento cómo se sentiría si fuera

---

20. Son muchas las personas abrumadas por sentimientos de incapacidad y culpa debidos a las recomendaciones que apelan a la omnipotencia de la fuerza de voluntad con máximas como «querer es poder» (de la que, por supuesto, se deriva que «si no puedes es porque no quieres»). Si le queda alguna duda puede revisar, por ejemplo, los riesgos para la salud de trabajar hasta la extenuación con el objetivo de superar la discriminación social (lo que se conoce como John Henryism por el personaje afroamericano John Henry, quien durante la construcción del ferrocarril norteamericano venció a un martillo de vapor en una carrera por hacer máximo número de agujeros en la roca para colocar explosivos, aunque a costa de perder su vida).

el único adulto de un grupo de supervivientes de un naufragio. Es decir, tan estresante puede ser desear tener el control cuando el entorno no lo permite, como verse obligado a ejercerlo cuando no se desea.

Para finalizar, el deseo de control es un arma de doble filo. Es cierto que las personas con un elevado deseo de tener el control suelen tener menos estrés, obtienen un mejor rendimiento académico, presentan menos ansiedad y depresión, gozan de un mayor bienestar general y emiten un mayor número de conductas saludables.

Sin embargo, estas personas también acusan más las situaciones en las que las posibilidades reales de control son bajas. Cuando se enfrentan a situaciones experimentales de indefensión aprendida (aquellas en las que el resultado de lo que les sucede no depende de lo que hagan ellos) se sienten más deprimidas y cometen más errores cognitivos como confundir u olvidar palabras, olvidar nombres de actores o no poder recordar con precisión acontecimientos personales como haber quedado con amigos, reuniones de trabajo o qué hicieron el último verano.

En definitiva, el tener más control solamente protege contra el estrés a aquellos que lo desean y que tienen práctica en ejercerlo. Para los demás, aumentar el control muy probablemente también incrementará el estrés y la posibilidad de que se ejerza mal.

El control del estrés

Estrategias de afrontamiento.
Elegir bien la artillería para cada batalla

Como ya se dijo, el control del estrés es un subtipo específico de control de las emociones. Por tanto, frente a un estresor podemos adoptar varias de las estrategias de afrontamiento que ya se describieron en dicho apartado:

- Podemos buscar una solución racional para manejarlo (normalmente, la que tenga más ventajas, menos inconvenientes y sea más factible).

- Podemos intentar variar la percepción que tenemos de él para reducir el grado de amenaza percibido.

- Podemos intentar controlar la respuesta emocional que nos produce.

- Podemos buscar ayuda para controlarlo o para que alguien escuche nuestras preocupaciones y nos consuele.

Por ejemplo, ante un caso complicado el psicólogo estresado puede optar por estudiar más sobre las últimas novedades terapéuticas (buscar una solución), preguntarle a un colega más experto (buscar ayuda) o reformularlo pensando, por ejemplo, que habiendo acumulado tantos éxitos, un único fracaso no empañará su prestigio profesional (variar la percepción del estresor).

El caso es que las estrategias de afrontamiento funcionan con distinta eficacia para diferentes estresores:

- Las estrategias de solución de problemas y de búsqueda de ayuda son más aconsejables cuando el estresor todavía no ha sucedido (en el caso del psicólogo estresado, cuando el tratamiento aún no ha empezado).

- Las estrategias de autocontrol emocional y reinterpretación son más adecuadas cuando se ha producido el acontecimiento estresante (en el caso del psicólogo estresado cuando el tratamiento no ha ido bien).

Cuando el estresor todavía no ha ocurrido (o cuando se ha manejado bien) es mejor pensar que el control depende de lo que uno haga. Cuando se ha producido el acontecimiento adverso (no se ha controlado adecuadamente el estresor) es menos estresante pensar que esta vez, y sin que sirva de precedente, la desgracia ocurrió por causas ajenas a nuestra voluntad o por culpa de otros. Si le añade una reinterpretación consistente en que las consecuencias del estresor son transitorias y se limitan únicamente al acontecimiento negativo puntual (es decir, que no poder ayudar a un paciente no significa ser un psicólogo nefasto) se puede obtener un resultado óptimo.

En suma, la flexibilidad en la aplicación de las estrategias de afrontamiento es quizás la mejor de las estrategias de

El control del estrés

control del estrés. Es decir, en vez de repetir con el doble de intensidad la misma estrategia que no está funcionando (por ejemplo, volver a protestar con mayor vehemencia por el exceso de tareas domésticas), es mejor buscar la manera de intentar una estrategia distinta (por ejemplo, reinterpretar las consecuencias de dejar alguna tarea doméstica sin hacer e irnos al gimnasio).

La psicoeducación

Aunque hace más de 50 años que sabemos que la simple provisión de información no es capaz de cambiar comportamientos, la psicoeducación es un tipo de intervención que sigue gozando de cierta popularidad por su bajo coste y porque puede realizarla personal no especializado.

El objetivo de la psicoeducación es que la persona afectada por el estrés aprenda una serie de habilidades para manejarlo. La psicoeducación suele realizarse en directo y en grupo aunque también se puede aplicar en formato individual, autodidacta o por Internet. Para que una intervención sea considerada psicoeducación, las habilidades deben enseñarse siguiendo un protocolo estandarizado.

En una primera fase, las personas reciben información sobre el estrés y cómo manejarlo. En la segunda fase las personas deben aplicar por su cuenta y bajo su propia responsabilidad lo que se les ha explicado. Por ejemplo, se les explican los pasos de la técnica de solución de problemas para que la apliquen por su cuenta cuando tengan que hacer frente a una situación que le genera estrés. La diferencia con otros tipos de intervención es que en la psicoeducación no se revisa el resultado obtenido con la aplicación de la técnica.

Una reciente revisión sobre el efecto de la psicoeducación en la reducción de estrés observa que su eficacia está por debajo de lo que se podría considerar clínicamente significativo. Cuando se evalúa a medio plazo, el efecto de la intervención es incluso menor. Estos resultados están en línea con revisiones previas en las que el efecto de la psicoeducación era insignificante.

En suma, y a pesar de ser una intervención todavía muy utilizada en entornos sanitarios y empresariales, la psicoeducación no parece ser beneficiosa para el estrés y en algunos seguimientos a seis meses incluso empeora la respuesta de estrés.

Ejercicio físico

El ejercicio físico es un estilo de vida que aumenta la resistencia frente al estrés activando las vías nerviosas del sistema límbico relacionadas con el placer y la recompensa. Asimismo, la actividad física es capaz de reducir los niveles de las hormonas del estrés o contrarrestar sus efectos, al tiempo que pone en marcha las sustancias endógenas (las que segrega el propio organismo) relacionadas con el bienestar físico y mental.

El ejercicio físico regular reduce el riesgo de sufrir numerosas enfermedades (y, por tanto, de que el estrés las empeore), mejora el estado de ánimo, reduce la intensidad de la respuesta de estrés frente a algunos estresores psicológicos y facilita su finalización.

Sin embargo, tenga en cuenta lo siguiente:

- El ejercicio físico aeróbico –ejercicios de intensidad baja o moderada y larga duración, como correr, andar o nadar– es más beneficioso que el anaeróbico –ejercicios de alta intensidad y corta duración, como levantar pesas o hacer abdominales.

- Es positivo para el estrés durante un tiempo limitado, normalmente durante unas horas después de realizar el ejercicio.

- Solamente es beneficioso si le apetece hacerlo [21].

- Es provechoso si se realiza de manera regular y entre 20 y 30 minutos cada vez.

Si no se cumplen las condiciones anteriores, el ejercicio puede incluso llegar a convertirse en un estresor. De hecho, el ejercicio físico excesivo puede ser tan perjudicial como el sedentarismo.

---

21. Recuerde esto antes de tratar el estrés de su padre, que siempre odió hacer ejercicio, mediante una inscripción en ese magnífico campo de golf que queda a tiro de piedra de casa.

Por supuesto, es mejor empezar a hacer ejercicio a edades tempranas y no dejarlo. Sin embargo, si usted es de aquéllos que tendría serias dificultades para recordar dónde guardó sus zapatillas deportivas, puede que le tranquilice saber que volver a hacer ejercicio físico incluso a edades avanzadas tiene sorprendentes efectos no sólo en la resistencia al estrés y en el bienestar físico y mental, sino también en sus capacidades cognitivas. Efectivamente, el ejercicio físico (y sobre todo correr con moderación) mejora la capacidad de aprendizaje facilitando la génesis de nuevas neuronas, especialmente en el hipocampo.

Figura 4.3. *El sedentarismo reduce la resistencia al estrés.*

El control del estrés

Dado que caminar es la actividad preferida de las personas sedentarias que deciden empezar a hacer ejercicio físico, es razonable definir qué manera de caminar es la más saludable. Una amplia revisión de casi medio millón de personas, de las que casi 20.000 sufrieron algún tipo de enfermedad cardiovascular, concluye que el beneficio es muy poco si se camina a una velocidad moderada (inferior a 4,6 km/h) menos de 3 horas a la semana.

Las técnicas de autocontrol emocional

Relajación

La respuesta de relajación es un estado de descenso de la activación fisiológica opuesto a la respuesta de estrés. De hecho, la respuesta de relajación solamente aparece cuando se reduce la activación del sistema nervioso simpático.

Las técnicas de relajación son capaces de ralentizar el metabolismo de algunas partes del cerebro a la vez que activar otras partes relacionadas con la atención, la concentración y la resistencia frente al estrés. Cuando una persona consigue relajarse, experimenta una vasodilatación periférica (que, entre otras cosas, calienta la piel) y desciende su frecuencia cardíaca. Si además la relajación se produce en un entorno percibido como seguro, también produce una sensación generalizada de bienestar.

Meditación

Algunos estudios sugieren que la meditación realizada a diario es capaz de reducir los niveles de hormonas del estrés y la actividad del sistema nervioso simpático. No obstante, sabemos que estos efectos se producen mientras se medita y no está tan claro que se mantengan el resto del tiempo.

Un amplio estudio realizado por la Johns Hopkins University Evidence-based Practice Center por encargo de la Agency for Healthcare Research and Quality, que resume los resultados de 41 ensayos clínicos efectuados con casi 3.000 personas, concluye que los programas de meditación basados en mantras no han demostrado ser capaces de mejorar el estrés ni el bienestar emocional.

Los programas de meditación basada en *mindfulness* mejoran la ansiedad, la depresión y el estrés. Sin embargo, este efecto beneficioso es modesto y solamente es superior a la atención inespecífica (como, por ejemplo, ser escuchado de manera comprensiva). Comparados con otros tratamientos de control del estrés de eficacia probada, los programas de *mindfulness* obtienen peores resultados en todas las variables de desenlace.

En general, los programas de meditación no han demostrado ser capaces de mejorar el bienestar emocional ni las conductas relacionadas con el estrés como, por ejemplo, el tabaquismo, el consumo de alcohol, los hábitos alimentarios o el sueño.

Puede que uno de los problemas de los estudios que evalúan la eficacia de la meditación es que, hasta la fecha, los investigadores intentan enseñar técnicas de meditación a los participantes en el estudio en pocas semanas. Es posible que las observaciones anecdóticas de efectos muy positivos de este tipo de técnicas de autocontrol emocional se produzcan en personas muy entrenadas o que tienen una facilidad inusual para el aprendizaje de la meditación.

Música

La utilización de la música para tratar el cuerpo (incluida la fertilidad femenina), la mente y el alma data al menos de 1.500 años antes de Cristo. Actualmente se recomienda, en términos generales, que la música con un mayor efecto relajante tenga un ritmo lento y pausado, que carezca de timbres agudos y no evoque recuerdos intensos.

La revisión más extensa sobre el efecto de la música se ha centrado en pacientes hospitalizados o sometidos a procedimientos médicos por una alteración cardiovascular. La mayoría de estos estudios sugieren que la música tiene un efecto moderado-bajo sobre la ansiedad y el estrés en los pacientes que han sufrido un infarto de miocardio mientras se están recuperando en su habitación, pero no tiene ningún efecto mientras están siendo sometidos a un procedimiento como un cateterismo o una angiografía. La música tampoco tiene un efecto propio claro en el malestar psicológico en general ni en la depresión en particular.

En cuanto a su efecto sobre las respuestas fisiológicas de estrés, la música parece ser capaz de reducir la frecuencia cardíaca y la presión arterial (lo que sería un indicador de un cierto estado de relajación), pero no produce ningún efecto en la temperatura de la piel o en la variabilidad de la tasa cardíaca. Parece que el efecto beneficioso de la música es mayor cuando es el propio paciente el que escoge las canciones.

Tenga en cuenta que en la mayoría de los estudios los investigadores se limitaron a ponerles música a los pacientes y que no fue un musicoterapeuta especializado el que decidió el tipo de intervención más adecuada para cada caso.

Librarse de las preocupaciones: el control del pensamiento reiterativo

Como sin duda habrá observado, los estudios sobre el efecto del estrés y su tratamiento se centran casi de forma exclusiva en los estresores puntuales. Sin embargo, se ha prestado muy poca atención a las preocupaciones que suelen acompañar a estos estresores.

Estudios recientes destacan la influencia del pensamiento reiterativo en el efecto final del estrés y también señalan el potencial efecto beneficioso de las estrategias diseñadas para controlarlo. Por consiguiente, es imprescindible que el capítulo del control del estrés dedique un apartado al control de las preocupaciones.

El control del estrés

143

Las preocupaciones se definen como un encadenamiento de pensamientos (y en menor medida de imágenes) acompañados de emociones negativas y que la persona percibe como incontrolables. Aunque, como veremos más adelante, las preocupaciones tienen otros objetivos, en general representan un intento de resolver mentalmente cuestiones inciertas que pueden tener consecuencias negativas.

Si bien es cierto que cierta manera de preocuparse puede llevar a encontrar estrategias eficaces de solución de problemas, en muchas ocasiones prolonga o exacerba la incertidumbre que acompaña a la cuestión que se está intentando resolver. Parece que el preocuparse es especialmente perjudicial cuando se acompaña de una baja confianza en la propia capacidad para resolver el problema (después de todo, si el estresor es resoluble no debería haber motivos para preocuparse).

Preocuparse sirve de señal de alarma para interrumpir lo que se esté haciendo y dirigir la atención hacia un problema que parece requerir una solución inmediata, mantener la atención centrada en esa cuestión potencialmente problemática que todavía está por resolver y preparar al organismo para hacerle frente.

Sin embargo, como quiera que el pensamiento reiterativo (la mayoría de las preocupaciones) suele referirse a problemas que todavía no se han producido, que ya pasaron o sobre los que no se tiene ninguna influencia, lo que se obtiene finalmente es estar más estresado, es decir, mantener un estado sostenido de alarma y su consiguiente activación fisiológica, que puede tener efectos nocivos para la salud.

Las definiciones más recientes de las diferentes formas de pensamiento reiterativo (véase la figura 4.4) subrayan que su característica fundamental es que consisten en representaciones mentales del estresor y, por consiguiente, tienen la capacidad de prolongar su efecto aunque no esté físicamente presente, manteniendo al organismo activado de manera sostenida.

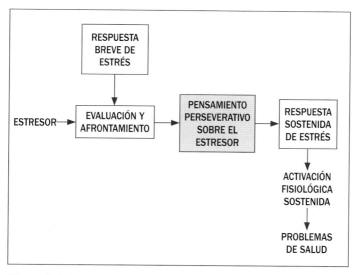

Figura 4.4. *El pensamiento perseverativo (preocupación) sobre el estresor es el factor intermedio que prolonga su efecto aunque aún no se haya producido o cuando el estresor ya ha finalizado (Adaptado de Brosschot, F. Genn W. Thayer JF The perseverative cognition hypothesis. A rewiew of worry prolonged stress-related physiological activation and health Journal of Psychosomatic Research 2006.60 113-124).*

Esta activación sostenida debida al pensamiento reiterativo aumenta el número de quejas físicas que experimenta una persona. Sin embargo, solamente existe un estudio que relacione claramente la tendencia a preocuparse
con la enfermedad física. En concreto, con la probabilidad de sufrir un segundo infarto de miocardio.

Las preocupaciones se asocian a una frecuencia cardíaca basal incrementada y a una menor variabilidad de la
frecuencia cardíaca que, como recordará del capítulo de
las enfermedades cardiovasculares, indica que la respuesta cardiovascular de estrés se activa con demasiada
facilidad y que el sistema tiene problemas para apagarla.
Es decir, las preocupaciones también incrementan la actividad del sistema nervioso simpático y reducen la eficiencia del parasimpático.

Cuando el contenido de las preocupaciones tiene que ver
con una cuestión que nos irrita, los pensamientos reitera-
tivos prolongan la elevación de la tensión arterial a no ser
que alguna cosa nos distraiga de ellos. Otros estudios
han observado resultados idénticos en otras situaciones
estresantes como el acoso laboral o cuando la persona
anticipa repetidamente situaciones potencialmente amenazadoras como hablar en público o ir al dentista.

En resumen, el pensamiento reiterativo (las preocupaciones) es capaz de prolongar el efecto de un estresor cuando ya ha pasado o de producir un efecto negativo antes
de que se produzca. El pensamiento reiterativo se acompaña de un estado sostenido de activación fisiológica y

de un mayor número de quejas físicas. La relación entre el pensamiento reiterativo y la enfermedad solamente se ha observado para la recaída del infarto de miocardio.

La buena noticia es que intervenciones relativamente sencillas son capaces de reducir la preocupación y, por tanto, la activación fisiológica y las quejas físicas que las acompañan. Sin embargo, antes de aprender a controlar las preocupaciones es muy importante corregir la impresión de que las preocupaciones son útiles. Puede que al leer esto se pregunte, ¿cómo es posible que alguien piense que preocuparse es útil? Quizás le sea útil echar un vistazo a la lista de motivos para mantener el pensamiento reiterativo que esgrimen los que se preocupan. Puede que alguno de ellos le suene.

- Hay quien cree que preocuparse le sirve *para estar más preparado* frente a un posible acontecimiento negativo («Si le doy vueltas a la posibilidad de que me despidan, cuando suceda, si es que sucede, me afectará menos»).

- Otros piensan que preocuparse sirve *para prevenir* que suceda algo negativo («Si le doy vueltas a la posibilidad de que me despidan, tengo más posibilidades de hacer algo para evitar que me suceda»).

- Otros, que tiene un *efecto casi mágico* («Ya sé que no tiene mucho sentido, pero si me despreocupo completamente de que podrían despedirme es más probable que me despidan»).

- Algunas personas piensan que preocuparse les ayuda a *motivarse* («Estar preocupado por alguna cosa hace que me mantenga centrado en hacer lo que toca» o bien «Si me despreocupo es más fácil que no haga lo que toca»).

- Otras, que les ayuda a *resolver problemas.*

- Finalmente, hay quien piensa que la preocupación también sirve para *evitar afrontar cuestiones con una mayor carga emocional* («Estar preocupado me permite no pensar en otras cosas que me duelen»).

Como comprenderá, mientras una persona siga pensando que las preocupaciones son útiles es extremadamente difícil que sea capaz de dejarlas de lado.

Por otra parte, las habilidades que vamos a describir a continuación requieren, como cualquier otra, de una cierta dosis de práctica. Desafortunadamente, no conocemos ninguna estrategia de control de las preocupaciones (aparte de las urgencias, como que se le queme la cocina) que funcione sin repetición ni esfuerzo.

La técnica más conocida para el control de las preocupaciones se debe al psicólogo Tom Borkovec de la Pennsylvania State University. Esta técnica, denominada *control de estímulos*, consiste en cinco pasos:

1) Definir un período de preocupación de 30 minutos diarios en el mismo lugar y a la misma hora. Intente que ese lugar no sea su cama y que la hora no sea la de irse a dormir o acabará no pudiendo conciliar el sueño.

2) Aprender a identificar rápidamente las primeras señales de preocupación (dificultades de concentración, sensación de nudo en el estómago, etcétera). Apunte las preocupaciones en un diario que le permita tenerlas todas juntas y, de paso, revisarlas con algo más de perspectiva.

3) Desplace los pensamientos preocupantes centrando su atención en alguna cosa externa.

4) No revise el diario de preocupaciones hasta que llegue el período de preocupación.

5) Durante el período de preocupación saque su diario y preocúpese intensamente sobre la lista del día de hoy. Intente encontrar soluciones (puede aplicar una estrategia de solución de problemas). Aproveche para aprender a diferenciar entre las preocupaciones que incluyen cuestiones sobre las que tiene control y aquéllas sobre las que no puede influir de ninguna manera.

Si ha probado esta técnica y no le ha funcionado, puede utilizar como alternativa la *técnica de disposición de zonas de exclusión de la preocupación* que consiste en escoger una hora del día o un lugar donde estará libre de preocupaciones. Siempre que se encuentre en ese lugar o en esa hora del día posponga cualquier preocupación que detecte y céntrese en lo que esté haciendo en este momento. Una vez compruebe que las preocupaciones se han desenganchado de ese lugar o de esa hora del día añada nuevos lugares u horas de manera progresiva.

El control del estrés

La más reciente de las técnicas para el control de las preocupaciones se debe al psicólogo Nicholas Tarrier de la Universidad de Manchester y del King's College de Londres. La gran novedad de esta *estrategia, denominada Broad Minded Affective Coping* (que nosotros sepamos su título todavía no ha sido traducido) es que añade al control de las preocupaciones la capacidad de sustituir el estado de ánimo negativo que las acompaña por emociones positivas generadas a partir de la evocación de un recuerdo agradable.

La justificación de la técnica se basa en que algunas emociones negativas crean una especie de visión en túnel que centra completamente la atención en los aspectos negativos de las experiencias presentes, pasadas y futuras. Las emociones positivas proporcionan una experiencia psicológica más amplia y no relacionada con la amenaza, el peligro o la pérdida.

El ejercicio pretende facilitar que la persona vuelva a experimentar recuerdos positivos mediante ejercicios de imaginería mental que, además, le hagan volver a experimentar las emociones positivas que acompañaban a esos recuerdos. En concreto los objetivos de la técnica son:

- Aprender a enfocar la atención en los recuerdos positivos a fin de desequilibrar la balanza hacia una mayoría de pensamientos positivos.

- Aprender a ser capaz de controlar las emociones y disfrutar de las emociones positivas y sus beneficios.

- Aprender a tener más control sobre su atención y los pensamientos.

- Aprender a manejar el estrés y los estados de ánimo bajos.

- Ser más consciente de cómo los pensamientos afectan a las emociones.

La técnica de *Broad Minded Affective Coping* se desarrolla en cinco fases consecutivas:

1) Preparación

Comience el ejercicio cerrando los ojos y centrándose en su respiración.

2) Imaginación guiada de recuerdos positivos

Traiga a su mente el recuerdo agradable específico (a las abuelas casi nunca les falla utilizar recuerdos de experiencias con sus nietos). Centre su atención en el recuerdo y dibuje en su mente una imagen del acontecimiento o situación. Intente sumergirse en un «mundo virtual mental» y recuerde todos los detalles del lugar mirando alrededor o adoptando una perspectiva diferente que le permita ver tanto los detalles del primer plano como del fondo. Intente que el recuerdo sea tan claro y real como sea posible.

3) Participación de los sentidos

Una vez haya creado con éxito una imagen mental vívida, intente recordar alguna característica sensorial de la situación. Por ejemplo, ¿recuerda algún sonido en particular (algún adorable balbuceo de su nieto, aquella manera tan graciosa de pronunciar mal alguna palabra)? ¿Recuerda algún olor asociado a la experiencia (algunas veces los nietos huelen a galletas)? Intente lo mismo con el tacto (las abuelas estarán de acuerdo en que la sensación del abrazo de su nieto es infalible).

4) Volver a experimentar la emoción asociada

Una vez haya creado correctamente una imagen mental vívida y haya introducido otros aspectos sensoriales, trate de recordar cómo se sintió emocionalmente en ese momento. Utilice descriptores verbales de sus sentimientos, es decir, describa cómo se sintió.

5) Interrogar al recuerdo

Por último, pregúntese ¿qué fue lo que le hizo sentirse feliz, alegre, etcétera? ¿Qué fue lo que le hizo sentirse positivo? ¿Qué componente del recuerdo le produjo la emoción positiva con mayor intensidad? Esto le ayudará a reforzar la asociación entre el recuerdo y la respuesta emocional positiva, a la vez que aumentará la conciencia de cómo los pensamientos influyen en las emociones.

Aumentar el apoyo social

Recibir apoyo social

A finales de los años ochenta se publicó un famoso estudio en una de las revistas científicas de mayor prestigio internacional que concluía que las personas socialmente aisladas tenían más riesgo de enfermar y de morir que las que disponían de lazos sociales sólidos. La relación entre la carencia de apoyo social y la salud era de la misma magnitud que con la hipertensión arterial, el tabaquismo o el llevar una vida sedentaria, y no dependía del estado de salud previo.

Una de las posibles explicaciones al gran efecto del apoyo social es que amortigua el efecto del estrés. Sin embargo, los resultados de los estudios sobre este asunto realizados hasta la fecha son tan contradictorios que algunas revisiones concluyen que después de 20 años de

El control del estrés

investigación no se puede afirmar con confianza que el disponer de apoyo social o carecer de él influya de manera inequívoca en la salud a través de reducir el estrés.

No obstante, aumentar el apoyo social puede ser una medida útil para disminuir el estrés si el apoyo social es de calidad, es decir, si es suficiente y eficiente. El apoyo social esporádico, inadecuado, demasiado escaso o excesivo puede ser incluso perjudicial. No hace falta decir que tener amigos que se aprovechan de uno o casarse con la persona inadecuada no serían ejemplos del tipo de apoyo social que ayuda a reducir el estrés.

Lo mismo puede suceder con algunos intentos bienintencionados, aunque mal diseñados, de aumentar el apoyo social. Supongamos, por ejemplo, que se le ocurre que a su anciano padre le iría bien relacionarse con gente de su edad para superar el estrés de no tener nada estimulante que hacer después de haberse jubilado de su adorado trabajo como arquitecto. Afortunadamente, cerca de su casa hay plazas para que cada lunes su padre pueda ir al hogar del jubilado. Desafortunadamente, los monitores tratan a los ancianos como a niños pequeños y únicamente les «proponen» participar en talleres de memoria simplones. Como únicamente hay plazas disponibles para un día a la semana, el resto de las personas que acuden al hogar del jubilado siguen siendo unos desconocidos para él. Paradójicamente, cada domingo por la tarde su padre sufre una descomposición intestinal, está más irritable y esa noche tiene problemas para conciliar el sueño.

Ofrecer apoyo social

Las dificultades para observar una relación consistente entre el apoyo social que uno recibe y su estado de salud han promovido nuevos y muy interesantes estudios sobre la otra cara del apoyo social, el que uno da a los demás. Hasta el momento los estudios indican que ayudar a un conocido (como la pareja, sin ir más lejos) reduce la incidencia de enfermedades y la mortalidad.

Otros resultados de laboratorio observan que la comunicación afectuosa con nuestra pareja es capaz de reducir nuestros niveles de cortisol y, lo que es más importante, acelerar la recuperación de la respuesta de estrés[22]. Ayudar a desconocidos (por ejemplo, haciendo un voluntariado) mejora la percepción que uno tiene de su propia salud y lo hace más longevo, tiene un efecto positivo en la salud cardiovascular, reduce la posibilidad de sufrir una depresión después del fallecimiento de un ser querido y reduce la mortalidad en el contexto de dificultades económicas o de limitaciones funcionales graves.

Ayudar a los demás también mejora el estado de ánimo, especialmente si la persona a la que ayudamos es un ser querido, lo que puede influir positivamente en la resisten-

El control del estrés

---

22. No hace falta decir que el exceso de comunicación afectuosa puede convertirse en un estresor para el otro. Asimismo, la comunicación afectuosa que únicamente obtiene como respuesta una demanda aún mayor de muestras de afecto por parte del otro puede convertirse en un estresor para el que ofrece el apoyo.

cia al estrés. Es razonable suponer que en estos casos estén actuando las mismas hormonas que empujan a los mamíferos a cuidar de su prole. En concreto, la oxitocina (que recordará como muy relevante en la respuesta de estrés femenina), la prolactina y los opioides endógenos.

Una vez más, la hipótesis explicativa de este efecto es que ofrecer apoyo social a los demás atenúa el efecto del estrés y, una vez más, pocos estudios se han dedicado a comprobarlo. El único que lo ha hecho, que nosotros conozcamos, verificó la supervivencia durante 5 años de más de 800 personas ancianas de las que 134 murieron. Como era de esperar, la ocurrencia de acontecimientos vitales estresantes incrementó el riesgo de morir, pero ayudar a los demás lo redujo. Asombrosamente, ambos factores interactuaron entre sí sugiriendo que los acontecimientos vitales estresantes no incrementaron el riesgo de morir entre los que ayudaban regularmente a los demás. Por el contrario, en el grupo que no ayudaba a los demás cada acontecimiento vital estresante incrementó en un 30% el riesgo de morir.

La fórmula de la longevidad se completó con el cálculo de la dosis de ayuda que hay que dar a los demás para prolongar nuestra vida. Aunque la dosis de ayuda no fue estadísticamente significativa, ayudar a los demás más de 80 horas al año incrementó ligeramente el efecto del estrés. Es decir, es probable que dedicar demasiado tiempo a los demás nos sobrepase y menoscabe nuestra capacidad para controlar acontecimientos inesperados y, por tanto, contribuya a aumentar el estrés.

Por el contrario, dosis bajas y medias de ayuda al prójimo (entre 20 y 80 horas al año) tuvieron el mayor efecto amortiguador del estrés. De hecho, el estrés no aumentó la mortalidad en este grupo de altruistas moderados. No parece demasiado esfuerzo si la recompensa es sobrevivir unos años más, pero eso ya es decisión suya.

Puntos clave

- Las estrategias más eficaces para el auto-control emocional son las de reinterpretación de la situación que causa la emoción, tomar distancia y distracción activa.
- El tratamiento cognitivo-conductual del estrés incluye la reestructuración cognitiva, las técnicas de relajación, y el aprendizaje de estrategias de solución de problemas y de técnicas de interacción interpersonal asertiva. Su eficacia ha sido demostrada científicamente.
- Aumentar la previsibilidad no es eficaz cuando el estresor es inevitable. El exceso de información puede ser estresante si el estresor es incontrolable o si confunde la planificación del afrontamiento.
- Aumentar la sensación de control sobre el estresor puede ser perjudicial si la capacidad de control que creemos tener excede la capacidad de control real o si comporta tener que asumir la responsabilidad completa sobre el resultado final.
- La psicoeducación no es eficaz para el tratamiento del estrés.
- Las técnicas de autocontrol emocional eficaces para el control del estrés requieren una práctica continuada y un entrenamiento supervisado y suficientemente prolongado.
- Ayudar a los demás con moderación es capaz de amortiguar el efecto del estrés.

5. El futuro del estrés

En los capítulos anteriores hemos resumido algunos de los potenciales efectos negativos del estrés y cómo defenderse de tan (supuestamente) formidable enemigo. Ha llegado el momento de puntualizar la mala fama del estrés sobre la base de las más recientes investigaciones. Es posible que estos estudios cambien radicalmente nuestra forma de percibir el estrés y que esta nueva manera de evaluarlo nos permita conseguir no sólo que no sea perjudicial, sino incluso beneficioso para nuestra salud[23].

Nueva visión del estrés

Los estudios más recientes sugieren que es muy probable que el estrés únicamente sea perjudicial cuando así lo creemos y no porque la capacidad de perjudicarnos sea

---

23. Para un ameno resumen de algunos de los estudios en los que se basa este capítulo le recomendamos la conferencia de la Dra. Kelly McGonigal en TED. http://www.ted.com/talks/kelly_mcgonigal_how_to_make_stress_your_friend.html

necesariamente una de sus propiedades. De hecho, sabemos que las creencias tienen una influencia enorme en nuestras vidas. Por ejemplo, las personas que sostienen creencias negativas sobre el envejecimiento se mantienen menos activas, visitan menos a su médico, tienen menos deseos de vivir y, efectivamente, se mueren antes.

La creencia de que se puede mejorar el coeficiente intelectual se acompaña de un mejor rendimiento académico y un mayor esfuerzo y satisfacción con el aprender. Las creencias incluso determinan algunas respuestas fisiológicas. Por ejemplo, el mismo batido provoca niveles distintos de la hormona responsable de la sensación de apetito dependiendo de si uno cree estar tomando una bebida baja o alta en calorías.

Existen dos tipos de creencias sobre el estrés. Paradójicamente, ambas son ciertas y ninguna depende de lo grave que sea el estrés o de la cantidad de estrés que uno experimente.

- La primera es la cara más conocida del estrés y la que ha ocupado la mayor parte de este libro: que el estrés es perjudicial, indeseable y que hay que combatirlo con todos los medios a nuestro alcance.

- La segunda, y probablemente menos frecuente, es la creencia de que el estrés aumenta el rendimiento y la productividad, facilita el aprendizaje y es positivo para la salud y el bienestar emocional.

Por ejemplo, el estrés laboral puede ser malo, pero también puede ser beneficioso porque ha demostrado ser capaz de mejorar la atención, la velocidad de procesamiento de la información, la memoria y el rendimiento en las tareas mentales. El estrés laboral también aumenta la motivación de los trabajadores para formarse en nuevas capacidades que les permitan manejar con mayor eficacia las tareas del trabajo. Es decir, a menudo los empleados sometidos a un entorno laboral estresante emprenden las acciones de «puesta al día» por propia iniciativa. Asimismo, numerosos testimonios de deportistas de élite muestran que rinden mejor bajo presión.

Figura 5.1. *Muchos deportistas aprenden a utilizar el estrés para mejorar su rendimiento.*

Estas ideas no son nuevas. Desde las primeras definiciones del estrés sabemos que éste puede ser beneficioso de varias maneras:

El futuro del estrés

- El estrés prepara eficazmente al organismo para hacer frente a una amenaza. Es decir, al percibir que el entorno nos plantea un reto (por ejemplo, un examen o una entrevista de trabajo), el organismo activa algunos sistemas para afrontarlo con la máxima eficacia (por ejemplo, el sistema cardiovascular o la atención) y desactiva otros sistemas que no son necesarios para manejar el desafío (por ejemplo, el sistema digestivo o el reproductivo).

- El estrés de larga duración puede influir positivamente en algunos procesos del sistema inmunológico y en aquéllos encargados de que nos recuperemos físicamente (por ejemplo, aumentando la secreción de hormonas anabolizantes).

- En algunos casos, el estrés sostenido acaba creando un organismo más fuerte, más saludable y más preparado para hacer frente a futuras amenazas. Este efecto, que se conoce como «crecimiento gracias al estrés», hace que la persona adquiera una mayor resistencia mental y afectiva, que desarrolle maneras de ver la vida nuevas y menos negativas, un mayor sentimiento de valía personal, una mayor sensación de control sobre las adversidades, relaciones sociales más íntimas y un mayor aprecio por la vida.

Como puede ver en la figura 5.2, cuando uno piensa que el estrés es perjudicial es más fácil que dirija todos sus esfuerzos a reducirlo y que su organismo reaccione disparando una señal de alarma (la persona piensa que sufrir estrés es peligroso en sí mismo), mientras que si la

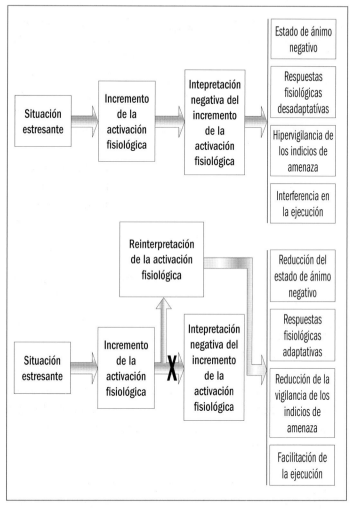

Figura 5.2. *Interpretaciones negativa y positiva del estrés. (Adaptado de Jamieson JP, Mendes WB, Nock MK. Improving Acute Stress Responses: The Power of Reappraisal. Current Directions in Psychological Science 2013;22:151-56).*

El futuro del estrés

creencia es que el estrés es beneficioso, es más fácil que lo utilice como impulsor para resolver las demandas que le está planteando su entorno.

De hecho, las personas que piensan que el estrés es útil porque facilita el rendimiento y aumenta la productividad y la vitalidad, tienen menos síntomas depresivos y de ansiedad, se manejan mejor en el trabajo y están más satisfechas con sus vidas. Por consiguiente, es posible que todas las estrategias de control del estrés que se basan en la idea de que el estrés es perjudicial estén abonando una creencia que, por sí misma, puede que sea la verdadera responsable del efecto nocivo del estrés.

En la parte superior de la figura se muestra como el estrés se acompaña de una activación fisiológica que si es interpretada como perjudicial produce varios efectos negativos. Estos efectos no sólo incluyen la afectación del estado de ánimo, sino también un incremento de la vigilancia de las señales de amenaza (lo que aumenta el número de amenazas que percibimos). Asimismo, la activación fisiológica entendida como algo perjudicial interfiere con la ejecución de las tareas.

En la parte inferior de la figura se resume el efecto de reinterpretar la activación fisiológica como una respuesta que nos ayuda a hacer frente a las demandas del entorno. Cuando la persona es consciente de este aspecto positivo del estrés el estado de ánimo es positivo, las respuestas fisiológicas se parecen a las de una persona confiada y tranquila, se reduce la vigilancia de los indicios de amenaza (y así es más fácil pasarlas por alto) y la ejecución de las tareas mejora.

Creer que el estrés es perjudicial no es bueno para la salud

La visión que tenemos del estrés también puede tener efectos dramáticos en la salud. Las personas que piensan que el estrés puede afectar un poco a su salud duplican el riesgo de presentar problemas de salud o emocionales, mientras que aquéllos que piensan que el estrés es muy perjudicial para la salud multiplican por cuatro el riesgo de presentar una mala salud física y quintuplican el de presentar problemas de estado de ánimo. La peor combinación es la de sufrir un estrés elevado y pensar que el estrés es muy perjudicial para la salud. El riesgo de morir de manera prematura en el grupo de personas que piensa de esta manera se incrementa en un 43%.

Modificar las creencias sobre el estrés es beneficioso

Las creencias negativas sobre el estrés se pueden modificar rápidamente mediante una sencilla intervención consistente, por ejemplo, en ver vídeos sobre el carácter beneficioso del estrés.

Aquellas personas que ven vídeos sobre los aspectos positivos del estrés no sólo cambian sus creencias sobre lo negativo que es, sino que también mejoran su estado de ánimo y su rendimiento laboral. Aun más, cuando se somete a las personas que piensan que el estrés es beneficioso a una situación de estrés social como hablar en público, sus niveles de cortisol se aproximan a los valores que facilitan un rendimiento óptimo (los que lo tienen bajo lo incrementan y los que lo tienen alto lo reducen) y, a diferencia de los que piensan que el estrés es perjudicial, prefieren que se les explique qué tal lo han hecho con el fin de mejorar su habilidad para hablar en público.

Cuando se enseña a las personas que el estrés es beneficioso para el rendimiento, presentan una respuesta más relajada a las pruebas de estrés social, pero lo más sorprendente es que su organismo también reacciona de manera distinta. Sus vasos sanguíneos permanecen relajados en vez de contraídos, lo que, aparte de ser mucho más saludable, se parece más a la manera de responder de una persona que adopta un desafío con plena confianza que a la de una persona aterrorizada por la anticipación de un fracaso seguro.

La misma estrategia funciona incluso con las personas que sufren un trastorno por ansiedad social. También en este caso se observa que aprender que los síntomas de estrés favorecen el rendimiento aumenta la sensación de ser capaz de manejarse adecuadamente en una situación de estrés social, reduce la percepción de amenaza (como, por ejemplo, hacer el ridículo) y la vigilancia de los gestos de desaprobación (como fruncir el ceño), y acelera la recuperación de la tranquilidad tras la interacción social.

La conclusión de este capítulo no es, por supuesto, que las personas deben empezar a perseguir el estrés porque es beneficioso, sino que la visión que tenemos del estrés es muy importante. Cambiar la manera en que evaluamos el estrés y entender que en realidad es una ayuda para enfrentarnos a los retos, determina que nuestro organismo reaccione en consecuencia y, por tanto, que sea menos dañino para nuestra salud física y mental.

El futuro del estrés

Puntos clave

- El carácter nocivo del estrés puede deberse más bien a calificarlo como perjudicial que a su capacidad real para perjudicarnos.

- Pensar que el estrés es perjudicial para la salud es, efectivamente, perjudicial, con un efecto que es progresivamente mayor de forma paralela a la intensidad de esa creencia.

- Ser consciente de que el estrés puede ser beneficioso se acompaña de una respuesta fisiológica que se parece más a la de la relajación o el afrontamiento confiado que a la respuesta nociva de estrés.

OTROS TÍTULOS
DE INTERÉS

Comprender el ataque de corazón

Dr. A. Bayés de Luna
Dr. Josep Guindo

ISBN: **9788497353083**
Págs: **128**

PVP 12,00 €

Cualquier persona debe saber cómo se produce, previene y trata el ataque de corazón o infarto agudo de miocardio dado que el infarto de miocardio es una de las principales causas de muerte en el mundo, tanto en hombres como en

Comprender el cáncer de colon y de recto

Dra. Teresa Macarulla
Dra. Elena Élez
Dr. Jaume Capdevila
Dr. Josep Tabernero
ISBN: **9788497353724**
Págs: **108**

PVP 12,00

¿Por qué se produce? ¿Cómo se detecta? ¿Cómo se trata? ¿Cuáles son las expectativas de curación del cáncer de colon? Este libro responde a todas estas pregunta aportando información exhaustiva sobre el tema.

Comprender el cáncer

Dra. Teresa Macarulla
Dr. Francisco J. Ramos
Dr. Josep Tabernero
ISBN: **9788497352628**
Págs: **118**

PVP 12,00 €

Más de 10.000.000 personas son diagnosticadas de cáncer cada año a nivel mundial. Este libro nos ayudará a conocer mejor la enfermedad, y ayudará a pacientes y familiares a tomar las decisiones más adecuadas en cada caso.

www.amateditorial.com

Comprender el cáncer de próstata

Dr. Enric Barba
Dr. Miguel Ángel López
ISBN: **9788497353601**
Págs: **136**

PVP **12,00** €

El cáncer de próstata es un tumor muy común y la segunda causa de muerte del hombre occidental. Este manual se propone fomentar el diagnóstico precoz y, gracias a ello, reducir la mortalidad debida a esta enfermedad.

Comprender el colesterol

Dr. Luis Masana
ISBN: **9788497352796**
Págs: **160**

PVP **12,00** €

Responde a las preguntas más frecuentes que todos los pacientes nos hacemos sobre el colesterol. Aporta las claves esenciales para prevenir y tratar esta patología que afecta seriamente a una gran parte de la población adulta.

www.amateditorial.com

Comprender el ictus

Dr. José Álvarez Sabín
Dr. Jaime Masjuan Vallejo

ISBN: **9788497357012**
Págs: **136**

PVP **12,00 €**

Conocer y comprender los distintos tipos de ictus, cuales son los factores que pueden favorecer su aparición, cómo se manifiesta y cómo reaccionar es fundamental para poder prevenirlo y para evitar la lesión cerebral.

Comprender el transtorno de ansiedad

Dr. Xavier Caseras

ISBN: **9788497353465**
Págs: **168**

PVP **12,00 €**

Disponer de una información adecuada sobre que son los ataques de angustia y que factores pueden favorecer su aparición, es de vital importancia para controlar el trastorno una vez experimentada la primera crisis.

Comprender la diabetes

Mercè Vidal
Enric Esmatjes

ISBN: **9788497357500**
Págs: **128**

PVP **12,00 €**

9 788497 357500

El buen control es la mejor prevención de las complicaciones crónicas que la diabetes puede ocasionar. La persona con diabetes puede hacer una vida totalmente normal, siempre que la diabetes esté bien controlada.

Comprender la migraña

Dr. Feliu Titus Albareda
Dra. Patricia Pozo

ISBN: **9788497352833**
Págs: **154**

PVP **12,00 €**

9 788497 352833

No permita que las migrañas controlen su vida. Descubra cómo evitar los ataques, reducir los síntomas y vivir una vida plena con esta guía que expone todos los síntomas para que su médico haga el diagnóstico adecuado y prescriba el

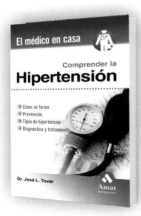

Comprender la hipertensión

Dr. José L. Tovar
ISBN: **9788497353076**
Págs: **152**

PVP **12,00 €**

9 788497 353076

La hipertensión arterial se ha convertido en uno de los factores de riesgo cardiovascular más extendidos en el mundo. Esta guía aporta toda la información necesaria para prevenir, detectar y curar esta enfermedad.

Comprender la enfermedad de Alzheimer

Dr. Manuel Martín
ISBN: **9788497354042**
Págs: **160**

PVP **12,00 €**

9 788497 354042

Guía completa para afrontar el Alzheimer, dirigida a las personas diagnosticadas en una fase precoz y, muy especialmente, a los cuidadores del enfermo. Síntomas de la enfermedad, diagnóstico y tratamiento.

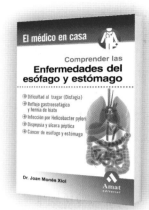

Comprender las enfermedades del esófago y estómago

Dr. Joan Monés Xiol

ISBN: **9788497353113**
Págs: **160**

PVP 12,00 €

Una clara descripción del sistema digestivo que pretende con un lenguaje sencillo fomentar el conocimiento compartido entre médicos y pacientes sobre las patologías de esófago y estómago, en particular náuseas, vómitos, dia-

Comprender las enfermedades del hígado y páncreas

Dr. Joan Monés Xiol

ISBN: **9788497353120**
Págs: **160**

PVP 12,00 €

Esta obra pretende educar y concienciar a los lectores acerca del funcionamiento del hígado y del páncreas, de los síntomas más frecuentes y de las posibilidades que ofrecen distintas pruebas diagnósticas en la prevención de las enfermedades.

www.amateditorial.com